닮고 싶은 창의융합 인재

③ 셰익스피어

닮고 싶은 창의융합 인재
③ 셰익스피어

1판 1쇄 인쇄 2016년 9월 5일
1판 1쇄 발행 2016년 9월 12일

김창희 글 | 강윤정 그림 | 손영운 기획 | 와이즈만 영재교육연구소 감수

발행처 와이즈만 BOOKs
발행인 임국진
편집인 염만숙
출판문화사업본부장 홍장희
편집 이선아 오성임 서은영 허선영
디자인 박영미
제작 김한석
마케팅 김혜원 전소민 유병준

출판등록 1998년 7월 23일 제1998-000170
사용 연령 8세 이상
제조국 대한민국
주소 서울특별시 서초구 남부순환로 2219 방배나노빌딩 3층
전화 마케팅 02-2033-8987 편집 02-2033-8928
팩스 02-3474-1411
전자우편 books@askwhy.co.kr
홈페이지 books.askwhy.co.kr

저작권자ⓒ2016 김창희 강윤정 손영운
이 책의 저작권은 김창희 강윤정 손영운에게 있습니다.
저자와 출판사의 허락 없이 내용의 일부를 인용하거나 발췌하는 것을 금합니다.

이 도서의 국립중앙도서관 출판시도서목록(CIP)은 서지정보유통지원시스템 홈페이지
(http://seoji.nl.go.kr)와 국가자료공동목록시스템(http://www.nl.go.kr/kolisnet)에서
이용하실 수 있습니다. (CIP제어번호 : CIP2016017358)

* 와이즈만BOOKs는 (주)창의와탐구의 출판 브랜드입니다.

닮고 싶은 창의융합 인재

③ 셰익스피어

글 김창회 | 그림 강윤정 | 기획 손영운
감수 와이즈만 영재교육연구소

와이즈만 BOOKs

추천의 말

미래의 창의융합 인재들에게 이 책을 추천합니다!

여러분들은 10년 후, 20년 후에 어떤 세상에서 살게 될까요?
사실 어른들도 정확한 답을 알지 못한답니다. 하지만 창의융합 능력을 가진 인재는 미래가 어떻게 변하더라도 이를 슬기롭게 헤쳐 나가는 것은 물론, 오히려 앞장서서 변화를 만들어 나갈 수 있습니다.

창의융합 능력은 다양한 지식과 정보, 경험을 두루두루 활용하여 창의적으로 문제를 해결해 내는 능력입니다. 이런 능력을 키우는 창의융합 인재 교육을 충실히 받고, 스스로 문제 해결을 하는 경험을 쌓아 간다면 어른이 되어서 만나게 될 더 크고 복잡한 문제도 훌륭하게 해결하게 될 것입니다.

여러분이 창의융합 인재로 성장하는 데 꼭 읽어 보라고 추천하고 싶은 책이 있습니다. 바로 와이즈만북스에서 펴낸 〈닮고 싶은 창의융합 인재〉 시리즈입니다. 이 책은 어떤 사람이 내가 본받을 만한 창의융합 인재인지, 어떻게 하면 창의융합 인재가 될 수 있는지 차분히 생각해 볼 수 있도록 주인공의 일생을 한 권에 담아 매우 자세하고 흥미진진하게 이야기를 들려주고 있습니다.

창의성과 융합 능력의 원동력은 호기심이라 할 수 있습니다. 여러분들은 다방면에 호기심을 갖고 다양하게 융합해 보는 시도를 두려워하지 마세요. 또한 앞선 시대에서 호기심과 창의성, 융합 능력을 실천하고 성과를 보여 준 위인들의 삶을 보면서 여러분의 꿈을 키워 보세요. 그리고 여러분이 가진 상상력을 마음껏 표현하고 펼쳐 보이세요. 왜냐하면 여러분이 바로 미래의 창의융합 인재니까요.

한국과학교육단체총연합회 회장 최돈희

이 책이 여러분의 멘토가 되어 드립니다!

최근 우리나라 교육의 화두는 '창의융합 인재'입니다. 하지만 그 의미가 다소 추상적이어서 과연 누가 창의융합 인재이고, 그 능력을 갖추려면 어떤 노력을 해야 할지 모호한 게 사실입니다. 이것에 대한 방향을 명쾌하고 구체적으로 제시해 주는 책이 바로 〈닮고 싶은 창의융합 인재〉 시리즈입니다.

여러분이 창의융합 인재가 되기 위해서는 먼저 창의융합 인재로 우뚝 선 사람들의 삶과 태도를 면밀히 살펴보는 것이 중요합니다. 그런 다음 자신의 강점과 호기심을 발견하고 인재들의 삶에서 본받을 점을 적용하는 것입니다. 〈닮고 싶은 창의융합 인재〉 시리즈는 어린이들의 멘토가 되어 꿈과 가치관 그리고 생활 습관을 스스로 정하고 실천할 수 있도록 돕는 책입니다.

이 시리즈는 인물의 일생을 연대순으로만 나열하는 기존의 위인전과는 다르게, 창의융합적 특성과 핵심 키워드에 따라 주제별로 인물의 일대기를 재구성했습니다. 익숙한 위인을 새로운 시각으로 바라보고, 생각의 자취를 따라 그들의 머릿속으로 들어가 볼 수도 있고, 위대한 업적이 하루아침에 된 게 아니라는 것을 깨달을 수 있습니다. 아울러 한국사·세계사와 함께 보는 연표, 화보로 보는 창의융합 인재 특성, 재미있는 연관 정보, 당대의 주변 사람들의 인물평과 현대에 이어진 영향 등을 다룬 에필로그까지, 읽을거리가 풍성해 역사와 사회를 이해하는 것은 물론 자기계발의 촉진제가 되기에 충분합니다.

이 책을 읽고 많은 친구들이 창의융합 인재들의 삶 속에서 닮고 싶은 점들을 찾아 '내 것'으로 만들기를 바랍니다.

와이즈만 영재교육연구소 소장 *이미경*

기획자의 말

미래가 원하는 진짜 실력자는 '창의융합 인재'입니다!

오른쪽 사진은 2010년, 스티브 잡스가 아이패드를 세상에 처음 소개하는 장면입니다. 그런데 대형 스크린을 채운 이정표에 새겨진 'Technology(기술)'와 'Liberal Arts(인문학)'이라는 글이 눈에 띕니다. 잡스는 아이패드라는 첨단 전자 제품을 소개하는 자리에서 왜 '인문학'이라는 용어를 사용했을까요? 그가 나중에 했던 말을 살펴보면 그 이유를 알 수 있습니다.

"인문학과 결합한 기술, 인간애가 반영된 기술이어야 가슴을 울리는 결과를 만들어 낸다."

오늘날 우리는 잡스가 만든 아이패드와 아이폰으로 철학 강의를 듣고, 소설책을 보고, 클래식 음악을 감상하고, 영화를 봅니다. 그리고 가상 세계에서 친구를 만나 우정을 나누고 연인과 사랑의 약속을 합니다. 잡스의 말대로 아이패드와 아이폰이라는 기술은 온갖 인문학을 담아냈고, 덕분에 우리는 현실과 상상이 마음껏 어울리는 가상 세계를 갖게 되었습니다.

잡스처럼 두 분야 이상을 접목시켜 새로운 것을 창조하는 것을 '창의융합'이라고 합니다. 잡스는 가장 성공적으로 '창의융합'을 하여 사람들에게는 새로운 미래를 보여 주었고, 자신은 큰 명예와 부를 얻었습니다.

앞으로 잡스처럼 '창의융합 정신'이 충만한 사람, 즉 '창의융합 인재'들이 인류의 현재와 미래를 이끌어 나갈 게 분명합니다. 그래서 많은 나라에서 교육의 목표를 창의융합 인재의 양성으로 잡고 있고, 우리나라도 그렇게 나아가고 있습니다.

최근에 정부는 '모든 학생들이 인문·사회·과학 기술에 대한 기초 소양을 함양하여 인문학적 상상력과 과학 기술 창조력을 갖춘 창의융합형 인재로 성장할 수 있도록 우리 교육의 근본적인 패러다임을 전환하고자' 2015 개정 교육 과정을 발표했습니다. 그러면서 '창의융합형 인재'를 '인문학적 상상력', '과학 기술 창조력'을 갖추고 '바른 인성'을 겸비하여 '새로운 지식을 창조'하고 '다양한 지식을 융합'하여 '새로운 가치를 창출'할 수 있는 사람으로 정의했습니다.

정부에서 교육의 목표로 제시한 '창의융합형 인재'란 어떤 사람일까요? 이를 어린이들이 이해하기 쉽게 알려 주는 책이 바로 〈닮고 싶은 창의융합 인재〉 시리즈입니다.

〈닮고 싶은 창의융합 인재〉 시리즈는 레오나르도 다빈치, 벤저민 프랭클린, 셰익스피어, 세종대왕, 토머스 제퍼슨, 미켈란젤로, 정약용, 뉴턴, 괴테, 아인슈타인 등 인류 역사에서 가장 창의융합적인 인물로 인정받은 10명의 인물의 삶을 보여 줍니다. 이들이 어떤 생각을 하고, 어떤 꿈을 가지고, 어떤 행동을 하며 살았기에 세상 사람들이 이들을 창의융합 인재로 평가했을까요? 이 시리즈에 그 답이 있습니다.

어린이들이 살아갈 세상은 현재가 아니라 미래입니다. 미래는 지식 창조의 시대로 자신만의 창의적이고 융합적인 콘텐츠를 가지고 있어야 힘을 가지고 앞서 나아갈 수 있습니다. 실제로 구글이나 페이스북과 같은 세계적인 기업에서는 학교 성적보다는 자신만의 콘텐츠를 가진 사람을 높이 평가합니다.

미래가 원하는 진짜 실력을 갖춘 창의융합 인재가 되기를 바란다면 이 책이 바로 그 시작입니다.

손영운

 작가의 말

위대한 걸작을 창조한 셰익스피어에게 그 해답이 있습니다!

창의융합 인재란 말은 어렵게 보이지만 곰곰이 생각해 보면 그렇지 않습니다. 다소 엉뚱하지만 기발한 상상력으로 남이 하지 않은 일을 해 보기도 하고, 남이 가지 않은 길을 가면서 자신이 꿈꿨던 일의 결과를 바탕으로 새로운 지식과 가치를 만들어 내는 사람. 또한 그것을 바탕으로 인류의 발전에 크게 기여하는 창조 능력을 가진 사람이 바로 창의융합 인재가 아닐까요? 거창한 이론을 만들어 내지 않아도 인류의 삶에 조금이라도 도움을 줄 수 있다면 그것이 바로 요즘 우리 시대가 요구하는 인재가 아닐까요?

제가 여러분에게 소개할 인물은 세계적으로 유명한 시인이자 극작가인 윌리엄 셰익스피어입니다. 세상 어디선가 셰익스피어에 관련된 책이 매일 한 권씩은 출간된다고 할 정도로 그의 영향력은 정말 엄청납니다. 미국 워싱턴에 있는 셰익스피어 도서관에는 약 27만 5,000권의 셰익스피어 관련 장서와 필사본 등이 소장되어 있다고 합니다. 참 대단하지요!

그런데 이상한 점이 있습니다. 이런 유명세에 비해 그의 생애에 대해 알려진 것은 그리 많지 않습니다. 이것이 제가 셰익스피어에 대해 글을 쓰면서 가장 애먹었던 부분이기도 합니다. 처음엔 그 유명한 셰익스피어에 대한 이야기를 쓴다는 기쁨에 젖어 있었지만 이내 어려움에 빠졌습니다. 그가 어떤 환경에서 성장했는지, 어떤 사람과 영향을 주고받으며 작품을 썼는지 찾을 수가 없었습니다. 너무나 유명하지만 동시에 어느 누구도 잘 알지 못하는 사람인 셰익스피어에 대한 자료를 하나씩 모으기 시작했습니다. 나름대로 공부하고 열심히 글을 써 가는 동안 저는 점점 그의 매력에 빠져들었습니다.

우리는 살면서 정말 많은 것을 경험합니다. 어려운 결정을 내려야 할 때도 있고, 사랑 때문에 괴로워하며 밤을 지새우기도 합니다. 셰익스피어의 작품 속에는 우리가 살면서 겪는 거의 모든 일들이 담겨 있습니다. 그는 인간의 마음을 움직이는 수만 가지의 경우의 수를 작품에 담았습니다. 정말 엄청난 상상력입니다. 우리는 그가 들려주는 사람들의 다양한 이야기에 감동하고 눈물을 흘리고 위안을 받습니다. 그것은 시대, 인종, 문화, 종교 등을 초월합니다.

동료 작가였던 벤 존슨이 작품집 서문에 '그는 어느 한 시대의 사람이 아니라, 모든 시대의 사람이다'라고 쓴 이유이기도 합니다. 벤 존슨이 표현한 대로 보자면, 셰익스피어는 우리 시대가 요구하는 창의융합 인재에 정확하게 들어맞습니다. 그는 인간의 마음과 행동에 대해 새롭게 통찰하고, 인문학적 상상력과 탁월한 문학성을 발휘하여 연극 작품으로 표현해 냄으로써 독자와 관객이 재미와 감동을 느끼고, 삶에 대해 깊이 이해할 수 있게 하였습니다.

이제 우리 다 함께 셰익스피어가 태어난 영국의 작은 도시로 가 볼까요? 그곳에서 어린 셰익스피어가 어떤 꿈을 꾸며 위대한 작가의 길을 걷게 되었는지 함께 살펴봅시다.

자, 이제 문을 열겠습니다.
Knock, Knock!
(Knock, Knock은 셰익스피어가 창조해 낸 단어입니다.)

김창희

차례

한국사·세계사와 함께 보는 셰익스피어의 일생 … 12
셰익스피어가 들려주는 창의융합 인재상 … 14

1 인문학적 상상력을 키워 준 독서의 힘
자연과 인간의 탐구자

숲에서 키운 상상력 … 20
문법학교에서 배운 라틴 어 … 26
신화에서 발견한 세상의 모습 … 33
문법학교 이후의 생활 … 42

2 아무도 모르는 가치를 발견하는 눈
자신만의 문학 세계를 창조하다

학교 밖에서 만난 세상의 지식 … 48
'퀸즈 멘'과 만나다 … 54
런던에 둥지를 튼 시골뜨기 … 63
단역 배우에서 흥행 극작가로 … 66

3 다양한 지식을 융합한 예술성
르네상스맨

흑사병 때문에 찾아온 위기 … 80
후원자를 찾기 위한 경쟁 … 86
첫 시집 《비너스와 아도니스》 … 90
소네트에 사랑을 담아 … 98
로드 체임벌린즈 멘 극단 … 101

4 새로운 지식을 창조한 노력
지구라는 무대에서

《로미오와 줄리엣》의 성공 … 108
현실을 담은 역사극 … 114
엘리자베스 여왕의 은밀한 부탁 … 118
무대 위에 올린 세상 … 124

5 인간을 이해하는 태도
비극의 연금술사 셰익스피어

아들의 죽음을 가슴에 묻고 … 134
왕의 남자들 '킹즈 멘' 극단 … 143

6 경험과 관찰을 결합시킨 창의력
세상의 모습을 그려 낸 위대한 작가

블랙 프라이어즈 극장의 탄생 … 158
비극에서 희비극으로 … 161
30년 만에 찾은 고향 … 164
지금도 살아 숨 쉬는 셰익스피어의 작품들 … 171

셰익스피어 이모저모 … 174

한국사·세계사와 함께 보는 셰익스피어 일생

1564년 영국의 스트랫퍼드어폰에이번에서 태어나다.
1569년 예비학교에서 공부를 시작하다.
1571년 문법학교인 킹즈 뉴 스쿨에 정식으로 입학하다.
1578년 집안 사정으로 문법학교를 그만두다.
1582년 앤 해서웨이와 결혼하다.

1587년 런던으로 갔을 것으로 추정한다.
1590년~1592년 사극 《헨리 6세》 1, 2, 3부 《리처드 3세》, 희극 《베로나의 두 신사》와 비극 《타이터스 안드로니커스》를 발표하다.
1592년 런던에 퍼진 흑사병으로 극장 문을 닫다.

스트랫퍼드의 유년 시절과 행적불명의 시대 (1564~1587)

작가로서 첫 발을 내딛으며 주목을 받은 시대 (1587~1594)

1583년 큰딸 수잔나가 태어나다.
1585년 쌍둥이 햄닛과 주디스가 태어나다.

1593년 시 《비너스와 아도니스》를 발표하다.
1594년 시 《루크리스의 능욕》을 발표하다. 희극 《실수연발》, 《말괄량이 길들이기》, 《사랑의 헛수고》를 발표하다.

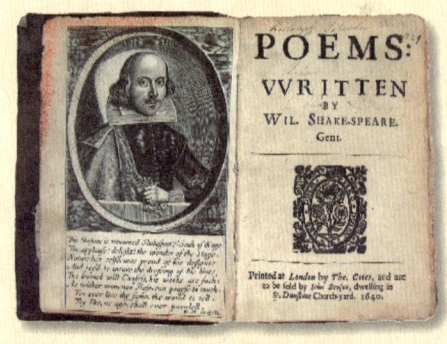

한국에서는　1568년 퇴계 이황이 《성학십도》를 짓다.　　1575년 율곡 이이가 《성학집요》를 짓다.

세계에서는　1536년 칼뱅이 종교개혁을 하다.　　1543년 코페르니쿠스가 지동설을 주장하다.

1594년 셰익스피어가 공동 운영자, 연출자, 대표 극작가로 참여한 로드 체임벌린즈 멘 극단이 설립되다.

1595년 사극 《리처드 2세》를 발표하다.

1594년~1595년 희극 《한여름 밤의 꿈》, 비극 《로미오와 줄리엣》를 발표하다.

1596년 아들 햄닛이 사망하다.

1597년 스트랫퍼드에 뉴 플레이 저택을 구입하다.

1596년~1597년 희극 《베니스의 상인》을 발표하다.

1600년~1601년 비극 《햄릿》을 발표하다.

1601년 아버지 존 셰익스피어가 사망하다.

1601년~1602년 희극 《십이야》, 희비극 《트로일러스와 크레시다》를 발표하다.

1602년~1603년 희비극 《끝이 좋으면 다 좋은 법》을 발표하다.

1603년 엘리자베스 1세의 사망 후 제임스 1세가 왕위를 잇다. 제임스 1세가 로드 체임벌린즈 멘 극단을 킹즈 멘 극단으로 지정하다.

1606년~1607년 사극 《안토니오와 클레오파트라》를 발표하다.

1607년~1608년 비극 《코리올라누스》, 비극 《아테네의 타이몬》, 낭만극 《페리클레스》를 발표하다.

1608년 킹즈 멘 극단, 실내 극장 '블랙 프라이어즈' 사용 계약을 체결하다. 어머니 메리 아든이 사망하다. 고향 스트랫퍼드로 내려갔을 것으로 추측한다.

1609년~1610년 낭만극 《심벌린》을 발표하다.

1610년~1611년 낭만극 《겨울 이야기》를 발표하다.

다양한 작품을 발표하며 숙해진 시대 (1595~1600)

4대 비극을 창작한 가장 위대한 시대 (1600~1605)

다시 고향 마을 스트랫퍼드로 (1606~1614)

1596년~1598년 사극 《헨리 4세》 1, 2부를 발표하고, 작품에 등장하는 '폴스타프' 캐릭터가 큰 인기를 끌다.

1597년 여왕의 부탁을 받아 희극 《윈저의 즐거운 아낙네들》을 발표해, 사랑에 빠진 폴스타프를 묘사하다.

1558년~1559년 희극 《헛소동》을 발표하다.

1599년 사극 《헨리 5세》, 《줄리어스 시저》, 희극 《뜻대로 하세요》를 발표했고, 글로브 극장이 새롭게 문을 열다.

1604년 비극 《오셀로》, 희비극 《자에는 자로》를 발표하다.

1605년 비극 《리어 왕》을 발표하다.

1606년 비극 《맥베스》을 발표하다.

1611년 낭만극 《폭풍우》를 발표하다.

1612년~1613년 사극 《헨리 8세》를 플레쳐와 공동 창작해 발표하다.

1613년 글로브 극장이 불에 타다.

1614년 새로 지은 글로브 극장이 문을 열다.

1616년 셰익스피어가 사망하고(4월 23일), 성 트리니티 교회에 묻히다.

1623년 킹즈 멘 극단의 동료인 존 헤밍스와 헨리 콘델이 《윌리엄 셰익스피어 씨의 희극, 사극, 비극》을 출판하다.

1592년~1598년 임진왜란이 일어나다.   1608년 허준이 《동의보감》을 편찬하다.   1614년 이수광이 《지봉유설》을 엮다.

1600년 영국이 동인도 회사를 설립하다.   1616년 여진족의 누르하치가 남만주에 후금을 세우다.

셰익스피어가 들려주는 창의융합 인재상

인류 역사상 가장 위대한 작가라는 평가를 받는 셰익스피어는 희극, 비극, 사극, 낭만극 그리고 소네트까지 정말 다양한 작품을 창작했어요. 그의 작품은 지금까지도 공연되어 많은 사람들에게 기쁨과 슬픔 그리고 깊은 감동을 주고 있답니다. 셰익스피어가 뛰어난 극작가라는 것은 모두가 아는 사실이지만, 최근에는 모든 분야에 통달한 창의융합 인재의 모범으로 주목받고 있어요. 셰익스피어가 창의융합 인재가 될 수 있었던 이유를 살펴볼까요?

인문학적 상상력을 키워 준 독서의 힘

나는 책 읽는 것을 무척이나 좋아했어요. 수많은 책들에서 작품을 창작할 수 있는 힘을 얻었지요. 특히 신화는 창작의 원동력이었어요. 일곱 살에 들어간 문법학교에서 오비디우스의 《변신》을 읽고 문학적 상상력과 영감을 얻었으니까요. 신화 속 이야기는 나의 작품 곳곳에 스며들어 사람들에게 재미와 감동을 주었고 이야기를 풍성하게 만들어 주었어요. 나의 작품에는 다양한 인간의 모습과 심리, 행동이 담겨 있어요. 그래서 많은 사람들이 공감하고 이해하며, 풍부한 상상력을 발휘해 해석하고 있답니다.

배려하고 공감하는 바른 인성

내가 살았던 당시에는 연극이 요즘의 텔레비전 드라마와 같았어요. 그래서 관객들이 울고 웃고 떠들면서 연극을 보다 보면 어느새 시름을 잊을 수 있었어요. 나는 남녀노소, 신분의 높고 낮음에 얽매이지 않고 많은 사람들에게 감동과 공감을 주는 작품을 쓰고자 했어요. 작품을 쓰는 내내 관객들에 대한 배려와 존중, 그리고 관객의 요구를 수용하겠다는 마음을 한 번도 잊은 적이 없었지요. 관객들이 나의 작품을 보고 난 뒤 마음이 편안해지고 감동을 느끼는 것이야말로 저에겐 가장 큰 선물이었어요. 관객을 생각하는 마음이 작가에게 가장 중요한 덕목이니까요.

새로운 지식을 창조한 노력

나는 '사람들의 복잡한 심리와 행동의 의미를 무대에서 생생하게 표현하려면 어떻게 해야 할까?' 하고 수없이 고민했어요. 그런데 당시 사용하는 단어들을 가지고 무대 위에서 복잡한 세상의 모습을 표현하는 데는 한계가 있었어요. 그래서 기존의 단어를 이용해서 새로운 영어 단어와 어휘 등 다양한 표현을 만들면 어떨까 하고 생각했어요. 처음에는 어색했지만 자꾸 사용하다 보니 괜찮았지요. 내가 새로 만든 표현들은 2,000여 개 정도예요. 끊임없이 독서하고 연구하다 보면, 새로운 표현들이 떠올라 그것을 작품에 적용했던 거예요.

다양한 지식을 융합한 예술성

나의 작품 속 인물들은 변호사, 고리대금업자, 기사, 사냥꾼, 사업가 등 정말 다양해요. 나는 작품을 창작하기 전에 그 직업의 종사자들을 직접 만나 조사하고 관찰하고 연구했어요. 그러면서 전문가 못지않게 다양하고 전문적인 지식을 가질 수 있었어요. 그리고 이런 지식들을 융합해 새로운 분야에 접목시키려고 노력한 결과, 작품의 내용을 풍부하게 만들 수 있

었지요. 나는 글을 쓸 때마다 끈질긴 호기심과 관찰력으로 정확하게 묘사하려고 애썼어요. 나의 작품을 읽다 보면 세심한 묘사와 실감 나는 표현의 흔적을 발견하게 될 거예요.

경험과 관찰을 결합시킨 창의력

나와 비슷한 시기에 살았던 사람 중 프랜시스 베이컨이라는 유명한 철학자가 있었어요. 그는 실험에 기초한 귀납적 연구 방법을 주장했고, 바른 지식을 갖기 위해서는 경험과 관찰을 중히 여기는 경험론이 필요하다고 했지요. 나는 먼저 부딪혀보고 경험한 후에 그것을 바탕으로 작품을 창작했어요. 그래야만 등장인물의 행동을 정확하게 그려 낼 수 있기 때문이에요. 작가가 끈질긴 호기심과 투철한 실험 정신으로 창작한 작품이야말로 관객들에게 큰 재미를 줄 수 있으니까요.

새로운 가치를 발견하는 눈

많은 사람들이 즐겨 읽는 《햄릿》, 《리어 왕》, 《맥베스》, 《오셀로》는 '셰익스피어의 4대 비극'이라 불려요. 사실 이 작품들은 여기저기 떠돌아다니는 이야기에다 당시 사회의 모습과 역사적 사건을 더해 새롭게 만든 거예요. 나는 그 이야기에 새로운 인물을 추가로 배치하거나 상황에 맞게 인물의 역할을 설정하는 등 많은 공을 들였어요. 원작보다 더 나은 작품을 창작해서 많은 사람들이 공감할 수 있는 새로운 가치를 만들어 내려고 힘썼지요. 그뿐만 아니라 신화, 역사, 심리, 문화, 관습 등 다양한 분야의 지식을 가지고 새로운 가치를 만들어 내고자 많은 노력을 기울였어요. 덕분에 '햄릿'처럼 갈등하고 고민하는 인물, '폴스타프'처럼 해학적이고 풍자적인 인물 등 독창적인 캐릭터를 만들 수 있었답니다.

- 숲에서 키운 상상력
- 문법학교에서 배운 라틴 어
- 신화에서 발견한 세상의 모습
- 문법학교 이후의 생활

인문학적 상상력을 키워 준 독서의 힘

자연과 인간의 탐구자

1

셰익스피어는 어린 시절 고향 마을의 숲에서 자연을 관찰하며 상상력을 키웠고, 학교에서는 신화를 읽으며 끊임없이 사람들의 마음과 행동에 대해 탐구했어요. 그리고 이런 탐구를 바탕으로, 훗날 개성 넘치는 인물들을 창조하고 재미있는 이야기들을 만들어 냈어요.

숲에서 키운 상상력

　윌리엄 셰익스피어는 1564년 4월 23일, 영국 중부 워릭셔 주의 남쪽에 위치한 스트랫퍼드어폰에이번(Stratford-upon-Avon)에서 태어났어요. 그곳은 무성한 숲과 깊은 계곡, 강이 흐르는 아름다운 시골 마을이었어요. 마을 사람들이 정답게 지내며 평화로이 살아가는 곳이었지요. 그곳의 숲은 마을 아이들에게 신기하고 흥미진진한 놀이터였어요.

　어린 시절, 셰익스피어는 그 숲에서 풍부한 감성을 키우며 자라났어요. 매일 아침 식사를 마치자마자 셰익스피어는 숲 속으로 달려가 동물들과 식물들, 온갖 종류의 곤충들과 시간을 보내곤 했어요.

"이 풍뎅이는 어제 봤던 녀석보다 화려한걸! 그런데 날개가 이슬에 젖어 날갯짓이 영 시원찮네. 마치 주정뱅이 늙은이가 허우적거리는 것 같아."

셰익스피어는 친구들과 함께 스트랫퍼드의 숲 속 곳곳을 뛰어다녔어요. 나무 그루터기에 앉아서 풍뎅이를 골똘히 보는가 싶더니, 어느새 들장미에 앉아 있는 나비를 보며 감탄하기도 했지요.

스트랫퍼드어폰에이번에 있는 셰익스피어의 생가

"우와! 빨간 들장미 사이를 아슬아슬하게 들락날락하는 저 나비 좀 봐! 마치 꽃 속의 요정과 사랑을 나누는 것 같아."

셰익스피어는 누가 다가와도 모를 정도로 숲 속의 신비한 풍경에 쏙 빠졌어요. 나비를 한참 관찰하던 셰익스피어는 이번에는 개미들의 행렬을 뒤따라가며 큰 소리로 외쳤어요.

"숲속 여왕을 호위하는 병정들아! 오늘은 큰 전투가 너희들을 기다리고 있다! 부디 용감하게 싸우고 무사히 돌아오라!"

"용사들이여! 죽음을 두려워하지 말라! 두려움은 또 다른 두려움을 불러일으키는 것이니 뒤돌아보지 말지어다!"

함께 놀던 친구들도 셰익스피어의 외침을 따라 이렇게 외치곤 했어요.

"무사히 돌아오라!"

"돌격하라!"

"이 영광을 국왕 폐하께!"

숲은 아이들의 힘찬 외침으로 하루 종일 떠들썩했지요. 하지만 배가 점점 고파져 하나둘씩 집으로 가는 아이들이 생기면 시끄럽던 숲도 이내 조용해지기 시작했답니다.

어린 셰익스피어에게 스트랫퍼드 마을의 아름다운 자연은 상상하는 힘을 길러 준 위대한 스승이었어요. 작은 벌레들은 요정이 되기도 했고, 바람에 사각거리는 나뭇잎 소리는 연인들의 속삭임이 되기도 했지요. 깊은 숲속에서 들려오는 짐승들의 소리는 두려운 존재들의 외침으로 들리기도 했고요. 보통 아이들 같으면 겁이 났을 테지만, 셰익스피어는 더 신나서 숲이 건네는 이야기에 귀를 쫑긋 세웠어요. 배고픈 것도 잊은 채 숲속을 헤매다 보면 어느새 집에서 멀리 떨어진 곳에 와 있곤 했지요. 물론 집으로 돌아가면 늘 어머니께 혼나기도 했지만 그럴수록 숲이 더욱 좋아졌어요. 이렇게 숲은 셰익스피어에게 재미있는 이야기를 들려주고 상상력을 키워 준 소중한 장소였지요.

영국의 위대한 작가 존 밀턴은 셰익스피어의 작품에 등장하는 자연 풍경에 대해 "고향 숲이 들려주는 야생의 노랫가락을 잘 표현했다."라고 평가했어요. 셰익스피어가 숲에서 많은 영향을 받으며 성장했기 때문에 가능했던 거지요. 셰익스피어가 쓴 《한여름 밤의 꿈》의 신비롭고 아름다운 분위기나 《로미오와 줄리엣》에 나오는 종달새와 나이팅게일의 울음소리, 《맥베스》에 등장하는 올빼미, 독수리, 까마귀의 불길하고 음흉한 분위기는 자연을 제대로 경험해 보지 못한 사람들은 쓰기 힘든 글이거든요. 셰익스피어는 풍부한 상상력으로 일각수, 불사조, 용 등 신화에 나오는 상상의 동물들을 잘 살렸을 뿐만 아니라 마녀와 마법의 세계, 유령과 요정 등 초자연적인 존재들까지도 재미있게 표현했지요.

이런 문학적 요소들은 무대에서 공연할 때 시각적으로 잘 표현되어, 관객들로 하여금 풍부한 상상력으로 연극에 몰입할 수 있게 했어요. 이러한 셰익스피어의 남다른 상상력은 그가 어렸을 때 들과 강가를 다니며 직접 보고 듣고 느끼며 상상했기 때문에 가능했어요.

존 밀턴은 누구일까?

존 밀턴은 셰익스피어에 버금가는 위대한 문학가로 평가를 받는 작가예요. 영국 르네상스의 전성기를 이끌었던 존 밀턴은 영문학사상 가장 유명한 서사시인 《실낙원(Paradise Lost, 失樂園)》을 썼어요. 《실낙원》은 《구약성서》의 '창세기'에 나오는 아담과 이브의 타락과 낙원에서의 추방을 소재로 삼은 작품이에요.

존 밀턴은 케임브리지의 대학생이었을 때 단정하고 얌전했지만, 담당 교수와 언쟁을 시작하면 뜻을 굽히지 않을 정도로 고집이 셌답니다.

그런 존 밀턴은 매우 진보적인 시인이었어요. 그래서 타락한 영국의 왕정과 교회에 불만을 품고 청교도 혁명을 적극적으로 지지했어요. 또한 혁명의 지도자 크롬웰의 비서가 되어 정치에 참여하기도 했어요. 그러나 1660년 혁명이 실패로 돌아가 왕정이 복고되자, 정치적 탄압으로 재산을 몰수당하고 시력까지 잃고 말지요.

존 밀턴(1606~1674년)

존 밀턴은 이런 고통 속에서도 딸의 도움을 받아 《실낙원》이라는 위대한 작품을 썼답니다. 그는 '앞을 못 보는 것이 비참한 게 아니라 앞을 못 보는 어려움을 이겨 낼 수 없다며 주저앉는 것이 더욱 비참한 것이다.'고 말하며 불굴의 문학 정신을 보여 주었어요.

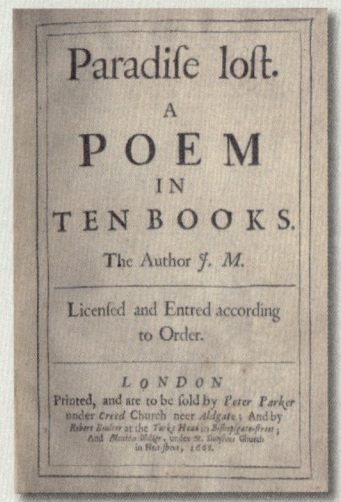

《실낙원》 초판의 속표지(1668년)

윌리엄 블레이크의 〈춤추는 요정과 함께 있는 오베론, 티타니아, 퍼크〉(1786년)
셰익스피어의 《한여름 밤의 꿈》에 영감을 받아서 그린 그림이다.
꿈속에서 요정들이 춤을 추는 모습이 환상적으로 표현되어 있다.

문법학교에서 배운 라틴 어

셰익스피어가 다섯 살이 되던 어느 날, 아버지와 어머니는 큰아들의 교육 문제를 놓고 의논하고 있었어요. 아버지는 새로 부임한 선생님 이야기를 꺼내며 셰익스피어를 학교에 보냈으면 하는 마음을 드러냈어요.

"윌리엄이 벌써 다섯 살이니 이제 학교를 보내야 할 것 같소. 지금 스트랫퍼드의 문법학교(Grammar school)에는 옥스퍼드 대학을 졸업하신 월터 로치 선생님이 아이들을 가르치고 있는데, 실력이 대단하다고 하오."

하지만 어머니의 생각은 달랐지요.

"글쎄요. 윌리엄이 아직 어린데 그 어려운 공부를 할 수 있을까요? 일곱 살이 되면 보내도록 해요. 지금은 맘껏 놀게 놔두고요."

"남들보다 먼저 시작해야 앞서가는 법인데, 일곱 살에 보내라고요?

나는 내일이라도 당장 보내고 싶소."

아버지는 새로 태어난 여동생의 요람을 흔들고 있는 셰익스피어를 보며 말을 이었어요.

"나는 윌리엄이 이 좁은 곳을 벗어나 옥스퍼드나 케임브리지 같은 대학을 졸업하고 넓은 세상에서 꿈을 펼치기를 바라오. 내일부터 예비학교에 보내야겠소."

어머니는 고개를 저으며 말했어요.

"당신을 이해하지 못하는 것은 아니지만, 윌리엄은 아직 다섯 살이에요."

"당신은 윌리엄이 장남이라는 걸 잊은 거예요? 나는 이 냄새나는 가죽 일을 윌리엄에게 시키고 싶지 않소. 걱정 마요. 윌리엄은 워낙 영특해서 잘 해낼 테니까. 이번엔 내 결정을 따라 줬으면 해요."

어머니는 어쩔 수 없다는 듯 고개를 떨구고는 어린 아들을 꼭 안으며 이렇게 말했어요.

"윌리엄! 힘이 들어도 참고 공부해야 한다. 알았지?"

셰익스피어는 뭐가 뭔지 몰랐지만 어머니의 말에 고개를 끄덕였어요. 셰익스피가 처음으로 학교에 가는 날, 한 손에 커다란 가방을 들고 한 손으로는 연신 졸린 눈을 비비며 아버지를 따라나섰어요.

"윌리엄! 꾸물거리지 말고 빨리 가자. 첫날부터 지각하면 선생님께서 어떻게 생각하시겠니?"

아버지는 발걸음을 재촉하며 셰익스피어에게 말했어요.

"선생님이요? 오늘부터 진짜로 학교에 가는 거예요?"

"물론이지. 너도 이제 다섯 살이 아니냐? 학교에서 새로운 것을 배우게 될 거야. 그러면 이 아비처럼 가죽을 다듬어 장갑을 만드는 일 따위는 하지 않아도 된단다. 이 얼마나 좋은 일이냐?"

셰익스피어는 공부만 하면 힘든 일을 하지 않아도 된다는 아버지의 말이 무슨 뜻인지 잘 알지 못했어요. 하지만 숲에서 경험하지 못했던 것을 배울 수 있다는 말에 너무나 설렜지요.

"윌리엄, 지금까지는 숲속에서 뛰놀며 상상하는 즐거움을 경험했지만, 앞으로는 학교에서 네가 살아가는 데 꼭 필요한 지식을 쌓는 경험을 하게 될 거야."

"네, 아버지."

"너는 꼭 옥스퍼드 대학에 들어가야 한다. 그게 아버지의 소망이야. 알겠니?"

아버지 존 셰익스피어는 욕심이 많은 사람이었어요. 처음에는 가죽을 가공해서 장갑을 만들어 파는 장인이었지만, 지금은 스트랫퍼드의 시장 자리에 올라 출세 길을 달리고 있었어요. 비록 작은 마을의 시장이었지만, 그 임무는 막중했어요. 마을 사람들의 소송이나 재판 같은 법률적 문제를 해결하고 곡물이나 빵과 맥주의 가격을 정하는 등 주민들의 생활과 밀접한 일 등을 처리해야 했으니까요.

　아버지는 셰익스피어에게 가죽을 벗기고 다듬는 일을 물려주고 싶지 않았어요. 그래서 아들이 좀 더 나은 신분을 가지고 출세하려면 문법학교를 졸업하고 명문 대학교에 진학해야 한다고 생각했어요. 그래서 일곱 살이 되어야 갈 수 있는 문법학교에 보내기 위해 서둘러 예비학교에 입학시킨 거예요. 어린 아들이 잘 적응할 수 있을지는 둘째 문제였지요. 아버지 존은 명문 대학을 졸업한 장남이 출세해서 가문을 일으켜 세워 줄 것이라 굳게 믿었어요.

아버지의 성화로 예비학교에 입학한 셰익스피어는 아침 6시부터 저녁 6시까지 하루 종일 공부를 해야 했어요. 집에 와서는 아버지로부터 개인 수업을 받기도 했어요. 정말 하루하루가 빡빡해서 정신을 차리지 못할 정도였지요. 셰익스피어는 문법학교에 정식으로 입학하기 전까지 거의 쉬는 날 없이 예비학교에서 알파벳부터 ※교리문답서와 기도문 등을 외우고 글자를 쓰고 익히는 수업을 받았어요.

***교리문답서** 기독교에서 세례나 학습을 받을 때 주고받는, 교리에 대한 질문과 답이 적힌 책.

셰익스피어는 엄격한 아버지 때문에 꾀를 부릴 수가 없었어요. 게다가 아버지가 마을의 시장이었기 때문에 늘 단정하고 예의 바르게 행동해야 했지요. 항상 사람들의 시선을 받고 있었기에 하고 싶은 것도 참아 가며 학교에 다녀야 했던 거예요. 그래서인지 유년 시절 학교에 대한 경험은 그리 유쾌하지는 않았던 모양이에요. 훗날 그의 작품에 등장하는 학생들의 모습은 썩 즐거워 보이지 않거든요.

1599년 발표된 그의 희극 작품 《좋으실 대로》의 2막 7장에는 이런 구절이 적혀 있어요.

> 구시렁거리는 학생, 책가방 둘러메고
> 아침처럼 환하게 빛나는 얼굴로 달팽이처럼 느릿느릿
> 마지못해 학교에 갑니다.

학교에 끌려가듯 걸어가는 아이들의 모습을 달팽이로 표현한 것이 참 재미있어요. 셰익스피어는 너무나 일찍 시작했던 학교생활을 떠올리면서 썼던 것 같아요. 아무래도 학교란 곳은 들판을 맘껏 뛰놀던 아이들에게는 힘든 곳이었지요. 아이들이 딱딱한 의자에 앉아 하루 종일 선생님의 눈치를 보며 재미도 없는 과목들을 배워야 했으니 얼마나 힘들었겠어요.

셰익스피어는 1571년, 일곱 살이 되던 해에 '킹즈 뉴 스쿨(King's New School)'이라는 문법학교에 정식으로 입학했어요. 인근 지역에서 최고의 학교라고 평을 듣는 곳이었어요. 선생님들은 명문 대학교 출신의 명망 있고 실력이 출중한 분들이었어요. 배우는 내용 또한 예비학교에서 공부하던 것과는 차원이 달랐어요.

셰익스피어는 수업 시간 중 산술 시간이 제일 지루하고 힘들었어요. 숫자만 보면 자신도 모르게 눈이 감겨 버리고 말았거든요. 산술 선생님은 문법학교에서 가장 무서운 존슨 선생님이었지만, 셰익스피어는 산술 시간이 되면 쏟아지는 졸음을 도저히 참을 수 없었어요. 하지만 라틴 어 수업 시간은 달랐어요.

문법학교에서 가장 중요하게 여긴 것은 고대 로마의 언어인 라틴 어였어요. 라틴 어는 철학, 역사, 문학 등 유럽 문화의 뿌리를 이루는 중요한 과목으로 문법학교의 필수 코스였지요. 셰익스피어는 라틴 어로 된 유명한 격언과 문장들을 외웠어요. 그리고 라틴 어로 번역된 《이솝우화》 같은 책을 읽으면서 기초를 탄탄하게 다졌고, 라틴 어로 번역된 성서도 열심히 공부했어요.

라틴 어 수업 중에서 셰익스피어가 가장 좋아한 것은 연극 수업이었어요. 로마 시대에 인기가 많았던 희극 작가들의 작품 일부를 라틴 어 연극을 통해 배우곤 했거든요. 정식 연극 수업은 아니었지만, 학생들은 수업 시간에 배운 작품 중 하나를 골라 배역을 정하고 가장 중요한 장면들을 연기했어요. 연극 수업은 딱딱한 분위기를 재미있게 만들어 주는 역할을 했기에 학생들이 좋아했어요. 특히 셰익스피어는 다른 사람의 인생을 무대 위에서 보여 준다는 것에 크게 매력을 느껴 누구보다도 열심히 참여했지요. 이렇게 문법학교에서 배운 라틴 어는 셰익스피어가 나중에 훌륭한 문학가가 되는 중요한 토대가 되었답니다.

신화에서 발견한 세상의 모습

문법학교 상급생이 된 셰익스피어는 로마 시대의 고전들에 흥미를 가졌어요. 셰익스피어는 새로 부임한 토머스 젠킨스 선생님으로부터 세네카의 비극과 호라티우스의 서정시 등을 배웠어요. 셰익스피어는 이들의 작품을 통해 신화의 세계에 깊이 빠져들었어요.

그중에서도 가장 크게 영향을 받은 작품은 고대 로마의 유명한 시인 오비디우스의 《변신》이라는 작품이었어요. 《변신》은 우주와 인간의 탄생에서 시작해서 영웅들과 인간들의 다양한 모습을 담고 있었어요. 작품 속에 등장하는 다양한 인물들의 흥미로운 사랑 이야기는 셰익스피어의 가슴을 뛰게 만들었답니다.

어느 날 오후, 라틴 어 수업 시간이었어요. 그날은 《변신》을 공부하는 날이었기 때문에, 셰익스피어는 침을 꼴딱 삼키며 라틴 어 선생님이 들어오기를 기다렸어요. 셰익스피어는 지난 시간에 배운 《변신》의 한 장면을 떠올리며 눈을 감았어요. 아폴론의 뜨거운 사랑 고백을 거부한 채 도망가다가 월계수로 변한 다프네의 모습, 제우스의 유혹으로 곰으로 변해 버린 칼리스토가 나오는 장면을 떠올리며 오늘은 무엇을 배울지 궁금해 했지요.

"이번 시간에는 다프네의 이야기에 이어, 태양신 헬리오스의 아들 파에톤의 이야기를 해 보겠어요. 윌리엄, 큰 소리로 읽어 보겠니?"

젠킨스 선생님은 수업을 시작하면 라틴 어 실력이 가장 좋은 셰익스피어에게 그날 배울 내용을 아이들 앞에서 읽게 했어요. 셰익스피어가 그동안 익힌 라틴 어 실력으로 배우가 연기하듯 능숙하게 읽자, 젠킨스 선생님

은 흡족한 미소를 지으며 학생들에게 말했어요.

"윌리엄, 지난번보다 훨씬 잘 읽는구나. 모두들 윌리엄처럼 매일 배운 것을 복습하고 자주 읽어야 자연스럽게 책을 읽을 수 있단다. 다들 알겠지?"

학교 수업이 끝난 오후, 셰익스피어는 집으로 돌아가는 길에 친구를 만났어요.

"윌리엄! 오늘 연기 끝내 주던데! 네 연기 솜씨는 뭐랄까…… 잘 알 수는 없지만 분명 재능이 있는 것 같아. 마치 런던 극단의 배우 같았다니까!"

셰익스피어가 좋아한 오비디우스

오비디우스는 《아이네이아스》를 쓴 베르길리우스와 함께 고대 로마의 황금기를 대표하는 시인이에요. 그는 그리스 신화를 토대로 소아시아 설화, 트로이 전쟁 이야기 그리고 로마 건국 신화를 집대성해서 《변신》이라는 책을 완성했어요. 오비디우스는 왜 책 제목을 '변신'이라고 지었을까요? 그는 카오스(혼돈) 상태에서 천지창조된 이 세상 모든 것들의 시작과 끝의 변화 과정을 '변신'으로 본 거예요. 그래서 《변신》에는 인류의 시작은 물론 인간들의 사고방식, 다양한 욕망 등이 문학적 상징으로 가득 들어 있어요.

오비디우스(기원전 43~17년)

"하하하, 칭찬 받으니까 쑥스러운걸. 나는 단지 라틴 어를 좋아해서 라틴 어 연극 수업도 재미있어 하는 것뿐이야."

"너는 라틴 어 수업이 그렇게 재미있니?"

친구가 흥미롭다는 표정으로 셰익스피어에게 물었어요.

"물론이지. 나는 특히 신화가 좋아. 신화는 정말 신기하고 재미있어서 무서운 늪처럼 헤어나기가 어려워. 신화를 읽다 보면 오랫동안 사람들이 상상해 온 소망과 욕망이 무엇이었는지 알 것도 같아."

"그 두꺼운 신화 책을 다 읽은 거야?"

"지금 세 차례 읽고 있지만, 늘 새롭고 흥미로워! 신비하고 아름다운 이야기들을 읽다 보면 마치 신들이 다양한 상징과 은유로 이야기를 건네는 것 같아."

"뭐? 나는 라틴 어가 너무 어려워서 무슨 내용인지 잘 모르겠던데, 너는 재미있다고?"

셰익스피어가 놀란 친구의 표정을 보고 웃으며 말했어요.

"가만히 귀 기울여 봐. 저 나무와 구름, 바람 속에도 이야기가 들어 있으니까. 우리는 그 이야기들을 잘 들어야 해. 세상을 살아가는 지혜를 배울 수 있거든."

셰익스피어의 말을 듣던 친구는 고개를 설레설레 흔들며 말했어요.

"이해할 수 없는 녀석이야."

"너도 잘 읽어 봐. 누가 알아? 책 속에서 호메로스가 걸어 나와 오디세우스의 꾀주머니에서 하나씩 꺼내 가르쳐 줄지?"

친구는 셰익스피어를 바라보며 어이없다는 표정을 지었어요. 그러나 셰익스피어는 당당하게 말했지요.

"나는 책을 읽는다는 게 수수께끼를 푸는 것이라는 생각이 들어. 여러 번 읽고 고민하고 머리를 쥐어뜯다 보면 어느 순간 뜻이 팍하고 떠오르거든. 그래서 책 읽기를 멈출 수가 없어. 언젠가 나도 이야기 속에 나오는 사람들의 흥미로운 행동들과 마음들을 직접 써 보고 싶어."

"우와, 멋지다! 이러다가 내 친구 윌리엄이 위대한 배우를 넘어서 위대한 작가가 되는 거 아냐?"

"하하하! 지금 나를 놀리는 거라면 거기까지만 해 줘."

"아니야, 윌리엄. 지금 우리는 이 좁은 마을에 살고 있지만 세상 밖은 엄청 넓고 신기한 것들이 많을 거야."

"그렇지만 난 아직 어리고 많이 부족해. 젠킨스 선생님께 말씀드렸더니 좀 더 열심히 책을 보라고 하셨어. 세상 보는 눈을 키우려면 내 자신부터 커야 한다고 하시면서 말이야."

"책을 더 봐야 한다고? 그러다가 머리가 터지면 어쩌려고 그래?"

셰익스피어는 오비디우스의 《변신》뿐 아니라 호메로스의 《일리아드》, 《오디세이》, 베르길리우스의 《아이네이스》, 플루타르코스의 《영웅전》 등 많은 책을 읽었어요. 이런 경험은 나중에 창작 활동에 큰 영감을 주었어요. 실제로 셰익스피어는 현실의 경험과 신화 속 이야기를 잘 섞어서 만든 작품들을 무대에 올리곤 했어요. 관객들은 이런 작품에 새로움과 큰 공감을 느끼며 찬사를 보냈지요. 그런 대표적인 작품으로 《로미오와 줄리엣》을 꼽을 수 있어요. 이 아름답고 슬픈 사랑 이야기는 오비디우스의 《변신》에 나오는 '피라모스와 티스베'의 비극적인 사랑 이야기를 바탕으로 한 거예요. 셰익스피어는 옛날이야기를 우리 곁으로 가지고 와서 더욱 친근하게 만드는 묘한 재주를 지녔어요.

셰익스피어는 신화를 읽을 때 단지 주인공들이 펼치는 신비로운 이야기에만 관심을 가졌던 것은 아니에요. 신화가 사람들의 삶에 어떤 영향을 주었는지 생각했고, 신화가 사람들의 삶을 이해할 수 있는 기초가 된다는 사실을 알았지요. 셰익스피어는 신화가 사람의 마음과 행동의 자물쇠를 풀어 줄 열쇠와 같다고 생각했어요. 그 열쇠로 문을 열고 들어가는 것은 바로 사람의 마음을 위로해 주고 어루만져 주고, 모든 사고의 중심을 사람으로 향하게 하는 것이라고 생각했지요.

　셰익스피어는 그 어떤 작가보다도 인물의 성격을 잘 묘사한다는 찬사를 받았어요. 그래서 관객들은 셰익스피어의 작품이 무대 위에서 공연될 때마다 인물들이 처한 다양한 상황을 지켜보며 푹 빠져들곤 했어요. 로미오와 줄리엣의 안타까운 사랑에 마음을 졸이기도 하고, 딸들의 거짓 사랑 고백에 맥없이 넘어 가는 리어 왕의 어리석음을 향해 손가락질을 했지요. 이것은 셰익스피어가 고대 로마 신화를 공부하면서 뛰어난 인문학적 상상력을 키웠기 때문에 가능한 일이었지요.

《로미오와 줄리엣》에 영향을 준 《변신》

오비디우스의 《변신》은 셰익스피어뿐만 아니라 《켄터베리 이야기》를 쓴 제프리 초서와 《실낙원》의 존 밀턴, 단테, 보카치오, 괴테 등 많은 작가들에게 영향을 주었어요. 《변신》은 유럽 문학의 뿌리라 해도 지나치지 않아요. 그래서 《변신》을 읽으면 익숙한 내용을 만나게 돼요. 대표적인 예로, 《로미오와 줄리엣》에 영향을 준 '피라모스와 티스베' 이야기를 꼽을 수 있어요. 이야기는 다음과 같아요.

피라모스와 티스베는 바빌론에서 가장 아름다운 총각과 처녀였어요. 둘은 앞뒷집에 살면서 우정을 키웠어요. 그런데 우정이 사랑으로 변해 가자, 부모들이 무슨 이유에선지 둘의 사랑을 반대했어요. 두 사람은 사랑을 나누지 못하는 신세를 한탄하다가, 밤에 몰래 성을 빠져나가 바빌로니아의 왕릉이 있는 뽕나무 밑에서 만나기로 했어요.

먼저 도착한 티스베가 피라모스를 기다리고 있었어요. 그런데 갑자기 짐승을 잡아먹은 사자 한 마리가 입가에 피를 묻히고 나타났어요. 티스베는 급히 동굴로 몸을 피했는데, 너무 놀란 나머지 머리에 쓰고 있던 베일을 떨어뜨리고 말았지요. 사자는 그 베일을 피 묻은 입으로 갈가리 찢어 버렸어요.

뒤늦게 도착한 피라모스는 피 묻은 베일 조각을 보고 티스베가 사자에게 잡아먹혔다고 오해했지요. 그래서 사랑을 지키지 못한 자신을 탓하며 허리에 차고 있던 칼을 뽑아 자신의 옆구리를 찌르고 말았어요.

사자가 사라지자 동굴에서 나온 티스베는 피라모스를 찾았어요. 그런데 피라모스가 피 묻은 베일을 잡고 피투성이가 된 채 쓰러져 있는 게 아니겠어요! 그제야 무슨 일이 있었는지 알아챈 티스베는 피라모스의 칼로 자신의 가슴을 찌르고 피라모스의 뒤를 따라 세상을 떠났어요.

문법학교 이후의 생활

"윌리엄, 대체 무슨 일이냐? 학교를 그만둔다는 게 사실이냐?"

젠킨스 선생님이 슬픈 표정으로 셰익스피어에게 물었어요.

"……."

"그 소문이 맞는 모양이로구나. 열심히 공부했는데, 참 아쉽구나!"

셰익스피어는 선생님을 바라보며 힘없이 미소를 지었어요.

"젠킨스 선생님, 그동안 정말 고마웠습니다. 덕분에 많은 것을 알게 되었어요. 이제 학교와는 작별하지만 그래도 책 많이 읽고 라틴 어 공부도 열심히 할게요."

"그래. 혼자 공부하다가 어려우면 언제든 찾아오너라. 어려워하지 말고……. 알겠지?"

"네. 선생님."

1578년 무렵이었어요. 열네 살의 셰익스피어는 심각한 얼굴로 의논을 하는 부모님의 대화를 물끄러미 듣고 있었어요.

"사정이 좋지 않으니, 당신이 결혼할 때 지참금으로 가지고 온 70 에이커(약 283,290 ㎡)의 토지도 팔아야 할 것 같소."

"어쩔 수 없죠. 하지만 윌리엄만은 학교를 계속 보냈으면 좋겠어요."

어머니는 안타까운 표정으로 아들의 얼굴을 바라보며 고개를 끄덕였어요. 아버지는 아들의 얼굴을 차마 보지 못하고 한숨을 내쉬며 말을 이었지요.

"미안하오. 나도 윌리엄이 계속 공부하기를 바라지만, 사정이 어려운 걸 어떡하겠소. 이제 윌리엄도 제법 컸으니 집안일을 도우며 배웠으면 좋겠소."

"윌리엄이 그 힘든 일을 해낼 수 있을까요? 역겨운 냄새도 참아내야 할 텐데……."

어머니는 눈물을 글썽이며 아들의 손을 꼭 잡았어요. 하지만 셰익스피어는 고개를 저으며 말했어요.

"너무 걱정하지 마세요, 어머니. 처음에는 힘들겠지만 시간이 지나면 익숙해질 거예요."

"윌리엄, 1년만 있으면 졸업인데 미안하구나. 내일부터 가죽 장갑을 만드는 일을 도와주지 않겠니?"

셰익스피어의 아버지는 스트랫퍼드의 시장과 시위원으로 활동했지만 사업 상의 문제로 여러 차례 재판을 받았어요. 재판의 결과가 불리하게 나온 데다가 재판 같은 복잡한 일에 신경 쓰다 보니 예전부터 해 오던 가죽 가공 일에 소홀할 수밖에 없어 경제적인 어려움을 겪게 되었어요. 결국 셰익스피어는 문법학교를 그만두고 아버지의 일을 돕기 시작했어요.

만약 집안 형편이 나빠지지 않았다면 셰익스피어는 어떻게 되었을까요? 아마 문법학교를 졸업하고 옥스퍼드나 케임브리지 같은 명문 대학교에 진학해 연극의 기본을 충실하게 공부했을 거예요. 그리고 대학에서 배운 대로 일정한 형식과 규칙을 지켜 작품을 쓰고 무대 위에 올렸을 테지요. 셰익스피어가 그래 왔다면 당시에 남들과 비슷한 작품으로 박수를 받았을 거예요. 그러나 지금처럼 전 세계인을 웃고 울게 만드는 위대한 문학가는 되지 못했을 거예요. 오히려 셰익스피어가 명문 대학에서 공부하지 않았기 때문에 자신만의 독특한 문학 세계를 창조할 수 있었던 게 아닐까요?

실제로 셰익스피어와 같은 시대의 잘나갔던 작가들의 작품이 지금까지 전해지는 경우는 거의 없답니다. 당시에 명문 대학교를 나온 유명 작가들은 우월한 위치에서 관객을 가르치고 이끌려고 했기 때문이지요. 그러나 대학 교육을 받지 못했던 셰익스피어는 오히려 관객의 눈높이에서 함께 웃고, 울고, 사랑하고, 화내고, 질투하는 평범한 인물들을 등장시켜 있는 그대로의 인간적인 모습을 보여 주려고 노력했어요. 그래서 셰익스피어의 작품에 등장하는 주인공은 우리 주변에서 흔히 볼 수 있는 인물이 대부분이에요. 잘생기고 용감하고 정의롭고 싸움 잘하는 완벽한 영웅이나 왕이 아니라, 나약하고 어리석고 고집 세고 실수하는 불완전한 인간들이지요. 이것이 셰익스피어가 보여 주고 싶은 진짜 인간의 모습이었어요.

수백 년의 세월이 흘렀지만, 아직도 셰익스피어의 작품이 인기를 끌고 있는 것은 관객이 공감하기 때문이에요. 등장인물들이 보여 주는 모습이 나와 우리의 모습이기 때문에, 관객들이 고개를 끄덕이며 감동을 받는 것이랍니다. 복잡해 보이지만 단순하고, 착하지만 욕심 많고, 이성적인 것 같지만 감성적인 존재가 바로 셰익스피어가 파악한 인간의 본질이었지요.

예를 들어 셰익스피어가 쓴 《리어 왕》을 보면, 고귀한 신분의 왕이 너무나 어리석은 결정을 해 비참한 상황에 빠져요. 어릿광대는 리어 왕을 따라다니며 그를 동정하지만 때로는 왕이 마주하기 싫은 진실을 익살맞게 표현하기도 합니다. 관객들은 이런 상황을 보며 웃기도 하고 허탈해 하기도 해요. 셰익스피어는 인간의 본성을 잘 이해하고 인간의 심리를 꿰뚫어 보는 탁월한 능력을 가지고 있었어요. 그리고 우리를 둘러싼 세상의 모습을 있는 그대로 보여 주고자 했어요.

'연극은 세상을 비추는 거울'이라고 셰익스피어가 말한 것처럼, 그의 작품에는 우리가 사는 세상이 담겨 있어요. 셰익스피어는 자신만이 가지고 있는 인문학적 상상력으로 인간과 삶에 대한 진지한 성찰의 결과들을 작품에 담았던 거예요.

- 학교 밖에서 만난 세상의 지식
- '퀸즈 멘'과 만나다
- 런던에 둥지를 튼 시골뜨기
- 단역 배우에서 흥행 극작가로

아무도 모르는 가치를 발견하는 눈
자신만의 문학 세계를 창조하다 2

셰익스피어의 작품 속에는 다양한 일을 하는 수많은 사람들이 등장해요. 셰익스피어는 까다로운 법률 지식에서부터 짐승의 가죽을 세심하게 다듬는 일까지, 등장인물들이 하는 일에 깊은 지식을 가지고 있었어요. 실제 셰익스피어는 배우기를 좋아해서 그 일에 종사한 사람이 놀랄 정도로 전문적인 지식을 작품에 반영했어요.

학교 밖에서 만난 세상의 지식

가죽을 다듬고 손질하는 일은 거칠고 위험해서 힘들었지만, 셰익스피어는 열심히 배우며 아버지를 도왔어요. 아버지가 가죽을 다듬는 동안 옆에서 배우고 모르는 것은 물으면서 점점 일에 익숙해져 갔어요. 때때로 학교에서 공부하던 시절이 그립기도 했지만 새로운 일을 경험하는 것으로 위안 삼아 열심히 배웠지요.

셰익스피어는 몇 년 동안 아버지 일을 도우면서 학교에서 배웠던 것과는 너무나 다른 세상을 배우는 기쁨을 느꼈어요. 좁은 가게 안에서 세상 구경을 하는 듯한 착각이 들 정도로 많은 이야기들을 들었고 다양한 사람들을 만났지요. 평범한 세상살이 경험에서부터 처음 듣는 신기한 이야기까지 매우 다양했어요. 마음씨 착한 사람, 잘생긴 사람, 뚱뚱한 사람, 날씬한 사람, 말을 잘하는 사람, 수줍어하는 사람, 음흉한 사람, 우스갯소리 잘하는 사람 등등 정말 다양한 사람들을 만났지요.

셰익스피어는 사람들과 이야기를 나누면서 사람마다 독특한 성격을 가지고 있다는 것을 알게 되었어요. 그리고 고집불통, 허풍쟁이, 수다쟁이, 욕심쟁이, 지혜로운 사람, 자기만 아는 사람, 남을 잘 배려하는 사람의 이야기를 들으며 마음속에 새겨 두었어요. 셰익스피어가 본 다양한 사람들과 그들에게 들은 이야기는 결코 학교에서 배울 수 없는 것들이었거든요.

"윌리엄, 오늘도 가게에 나왔구나?"

"네. 그런데 제이슨 아저씨는 어디 가시나 봐요?"

"런던 구경을 가려고 한단다."

"런던이요? 몇 년 전에 흑사병으로 많은 사람들이 죽었다고 하던데 괜찮겠어요?"

"물론이지. 지금은 잠잠해졌다고들 하니 그래도 죽기 전에 런던 구경은 해야 하지 않겠니? 가끔 여왕님이 템즈 강에서 불꽃놀이를 즐기신다고 하던데, 그 불꽃놀이가 아주 장관이라 하더구나."

"부럽네요. 저도 꼭 가 보고 싶어요!"

"꼭 그리 될 게다. 누가 아니? 네가 런던에서 살게 될지 말이다. 하하하!"

"에이, 아저씨도……. 놀리지 마세요."

"아니다. 너는 젊으니까 앞으로 어떤 모험을 하게 될지 아무도 모르잖니. 우리 인생이 다 그런 거지!"

셰익스피어는 제이슨 씨가 가고 난 뒤 함께 나누었던 이야기를 되새기며 마음속에 담아 두었어요. 비록 지금은 고약한 가죽 냄새가 나는 곳에 있지만 언젠가는 미지의 세계로 떠날 거라고 상상하면서요. 하지만 지금은 때가 아니었어요. 셰익스피어는 아직 배워야 할 게 더 많다는 생각을 했어요.

셰익스피어는 집안일을 돕던 몇 해 동안 재판 문제로 골머리를 앓던 아버지 때문에 자연스럽게 변호인과 재판관이 사용하는 용어와 복잡한 법률 용어를 알게 되었어요. 또한 재판정의 모습과 분위기도 잘 알게 되었지요. 아버지의 재판 서류를 심부름하다 보니 변호인들과도 친해져 터득하게 된 거예요. 윌리엄은 왕성한 호기심 덕분에 법률뿐 아니라 다양한 분야의 지식을 익히는 데 큰 재미를 느꼈어요. 열여덟 살의 청년 셰익스피어는 그렇게 세상을 알아 가고 있었어요.

"말론 변호사님! 오늘 재판은 어떠셨어요?"

"오, 윌리엄이구나. 당연히 이겼지! 어느 누구도 생각하지 못한 변론과 확실한 증거로 오늘도 승소했단다. 하하하!"

"역시, 대단하세요."

변호사의 너털웃음에 맞장구를 치던 셰익스피어는 손에 들고 있던 종이 뭉치를 건넸어요.

"지난번에 부탁하신 서류예요."

"내가 자네 아버지의 재판에 필요한 서류를 부탁했지? 깜박 잊고 있었네. 이번에는 잘 되어야 할 텐데 걱정이구나."

"걱정해 주셔서 고맙습니다. 그런데 변호사님, 내일 재판에 제가 따라가고 싶은데 될까요?"

"지난번에도 따라오더니 궁금한 게 다 안 풀렸나 보구나? 좋다, 그럼 내일 보자꾸나."

이렇게 셰익스피어는 궁금한 게 있으면 꼭 알아내려고 했어요. 또 법원에서 일하는 사람들의 말투와 습관까지 아주 세심하게 익혀 두었지요. 그 덕분에 법률가, 귀족, 의사, 군인, 정원사, 사냥꾼 등 정말 다양한 분야의 전문적 지식을 작품에 동원할 수 있었어요. 셰익스피어는 아는 것에 그치지 않고 지식들을 통합하고 등장인물에 맞게 변화를 주면서 새롭게 창조한 거예요.

《베니스의 상인》을 보면 셰익스피어가 얼마나 법률 지식이 풍부하며 법정에서 일어나는 상황에 대해서도 잘 알고 있었는지 알 수 있어요. 변호인의 변호 내용이나 재판관의 판결 등 세부적인 내용 전개는 셰익스피어가 실제로 법률가가 아니었을까 하고 착각하게 만들기도 해요. 또 《로미오와

 줄리엣》의 끝부분에 나오는 독약 사용법에 대한 지식,《한여름 밤의 꿈》에 나오는 요정이나 마법의 세계에 대한 세밀한 묘사는 거의 전문가 수준이라고 볼 수 있어요. 그냥 책에서 보고 난 뒤 작품에 인용한 정도가 아니라는 거예요.
 이 세상에 존재하지 않은 것을 새롭게 창조한다는 것은 참 어려운 일이에요. 하지만 존재하는 지식을 상황에 맞게 고치거나 다른 분야에 적절하게 적용할 수 있는 응용력을 가지고 있다면 그런 일을 척척할 수 있지요. 셰익스피어가 바로 그런 사람이었답니다.

'퀸즈 멘'과 만나다

셰익스피어가 살던 때의 영국은 엘리자베스 1세 여왕이 다스리고 있었어요. 당시 영국은 에스파냐의 무적함대를 무찌를 정도로 힘이 강했고 산업이 점점 번창해 그야말로 최고의 전성기였어요. 문화 또한 황금시대를 맞이하고 있었지요. 예술을 사랑한 여왕은 음악과 시와 연극을 늘 가까이 했고 궁중으로 많은 예술가들을 불러 즐거운 시간을 보냈어요. 여왕이 예술을 사랑하니 나라의 예술이 발전하는 것은 당연한 일이었지요. 특히 연극은 귀족부터 평민에 이르기까지 남녀노소 가리지 않고 웃고 떠들며 즐길 정도로 대단히 인기가 높았어요. 공연이 시작되는 낮에도 공연장이 꽉 들어찰 정도였으니까요.

1587년 화창한 가을 오후였어요. 셰익스피어는 주문 받은 가죽 장갑을 배달하려고 바삐 걸어가고 있었어요. 스트랫퍼드 여관 옆을 지나가고 있을 때였어요. 여관 문 앞에 동네 아이들을 비롯해서 많은 사람들이 서 있는 것이 보였어요. 셰익스피어는 호기심 가득한 눈으로 사람들에게 다가가 물었어요.

"무슨 일이 있는 건가요?"

"윌리엄이구나. 스트랫퍼드에 극단이 들어왔지 뭐냐! 이게 얼마 만인지 모르겠다."

"극단이요? 어디서 왔는지, 무슨 극단인지 아세요?"

"놀라지 마라. 영국 최고의 극단인 퀸즈 멘(Queen's Men)이 여기 앞마당에서 내일 오후에 공연한단다."

"퀸즈 멘이라면…… 그 유명한 리처드 탈턴이 있다는 그……."

"그래, 그 퀸즈 멘이란다. 조금 전에 시청에 가서 공연 신고를 하고는 바로 벽보를 붙이더구나. 나도 그 벽보를 보고 이리로 왔지."

"그렇군요. 내일 오후에 공연이라고 하셨죠?"

많은 극단들이 런던을 벗어나 주변의 도시로 가서 공연을 하기도 했어요. 유랑극단이 찾아오면 그 마을은 며칠 동안 난리도 아니었지요. 유랑극단의 멋진 배우들의 모습과 인상적인 연기 그리고 재미있는 이야기는 사람들에게 멋진 추억을 만들어 주었어요. 게다가 그들은 세상 돌아가는 소식도 알려 주는 역할을 했어요.

엘리자베스 여왕이 후원하는 최고의 극단인 퀸즈 멘은 국가의 주요 정책이나 여왕의 견해 등을 연극으로 만들어 여러 도시 사람들에게 알리는 일을 했어요. 그들이 머물고 있는 여관의 앞마당에 설치한 무대 위에서 배우들은 실감나게 연기하며 관객들의 마음을 사로잡았어요. 스트랫퍼드의 주민들이 모두 모인 듯 여관 앞마당은 사람들로 발 디딜 틈이 없었어요.

스물세 살의 셰익스피어도 구경꾼 틈에서 배우들이 펼치는 연기를 구경했어요. 스트랫퍼드를 찾아온 유랑극단이 여럿 있었지만 셰익스피어는 이번에 온 퀸즈 멘 극단의 공연이 가장 마음에 들었어요. 여왕의 후원을 받는 극단답게 대본도 짜임새 있고 배우들의 연기도 일품이었지요. 특히

 당대 최고의 희극 배우라는 리처드 탈턴의 모습을 보는 것만으로도 매우 기뻤어요. 그런데 셰익스피어는 연극을 보면서 마음 한구석이 복잡해졌어요.

 '멋지다! 나도 저 무대에 서서 멋지게 연기해 봤으면…….'

 셰익스피어는 좁은 스트랫퍼드를 벗어나 넓은 세상으로 나가고 싶었어요. 가게를 찾는 손님들로부터 듣는 다른 나라의 진기한 이야기들, 술집에서 만난 떠돌이들의 세상 이야기들을 들을 때마다 셰익스피어의 엉덩이는 들썩거렸어요. 발바닥도 근질거리는 것 같았지요. 특히 런던에 다녀온 사람들이 재미있는 이야기를 들려주면 마음이 설레기까지 했어요. 런던의 스완 극장과 로즈 극장 그리고 제임스 버비지가 세웠다는 시어터 극장 등은 셰익스피어가 꼭 가 보고 싶은 곳이었어요. 연극이 끝나면 관객들이 혼이 나간 사람처럼 멍해진다는 이야기가 사실인지 거짓인지 확인하고 싶었어요.

그러나 셰익스피어가 스트랫퍼드 마을을 떠나고 싶은 이유는 다른 데 있었어요. 큰딸 수잔나에 이어 쌍둥이 햄닛과 주디스까지 태어나 셰익스피어의 어깨가 점점 무거워져 갔기 때문이에요. 더군다나 결혼 후에도 부모님 집에 얹혀사는 자신의 처지가 한심하게 느껴지기도 했어요. 점점 기울어 가는 가정 형편과 돌봐야 할 가족에 대한 부담 등 해결해야 할 일들이 한두 가지가 아니었어요.

가정 형편 때문에 아버지의 일을 돕기는 했지만, 셰익스피어가 좋아하는 일은 따로 있었어요. 바로 시를 쓰고 이야기를 지어내고 사람들의 생각을 글 속에 담는 일이었어요. 그래서 아내와 아이들이 잠들고 나면 낮에 사람들과 나눈 이야기들과 혼자서 생각해 둔 이야기들을 몰래 적곤 했어요. 이런 이야기들이 셰익스피어의 머릿속에서 종이로 옮겨지는 순간, 다양한 인생의 장면들이 화려하게 펼쳐졌어요. 셰익스피어는 '이 이야기가 무대에 올려져 사람들의 박수를 받는다면 얼마나 좋을까.' 하는 생각을 해 보지만 현실은 너무나 힘들었어요.

퀸즈 멘 극단이 마을에 온 그날 저녁, 셰익스피어는 아내에게 마음속에 품었던 말을 꺼냈어요.

"앤, 할 말이 있소."

"무슨 이야기요? 하루 종일 아이들을 돌보랴, 집안일 하랴, 너무 피곤한데……"

"저…… 내 말 듣고 화내지 말아요."

"도대체 무슨 말인데 그래요? 빨리 말해 봐요."

"많이 생각해서 내린 결정이니 솔직히 말하겠소. 런던으로 가야겠소!"

"네? 갑자기 런던은 왜……?"

"내가 이곳에서 할 일이라곤 어두컴컴한 곳에 쭈그리고 앉아 냄새나는 가죽을 만지는 일밖에는 없소. 이제 나는 런던으로 가서 하고 싶은 일을 해 보고 싶소."

"그 일이라는 게…… 글을 써서 공연하는 일 따위를 말하는 건가요?"

"그 따위 일이라고 말하지 마시오. 나는 글을 써서 내 이름을 세상에 알리고 싶단 말이오."

아내는 셰익스피어의 얼굴을 말없이 바라보며 조용히 말했어요.

"윌리엄, 당신이 그렇게 말하면 내가 선선히 허락할 줄 알았나요? 쌍둥이가 태어난 지 일 년도 안 되었어요. 저 혼자 세 아이를 어떻게 키우라는 거예요? 아무리 스트랫퍼드가 좁아도 잘 살 수 있어요. 다들 그렇게 살고 있지 않나요?"

"앤, 제발 나를 좀 이해해 주시오. 내게 시간을 좀 주면 안 되겠소? 3년이요, 3년. 실패하면 곧바로 돌아오겠소. 약속하리다."

다음 날부터 아내 앤은 화난 사람처럼 아무 말도 하지 않았어요. 셰익스피어는 일이 손에 잡히지 않았어요. 아내에게 미안한 생각도 들었지만 정말이지 이번 기회를 놓치고 싶지 않았지요. 마을에 온 퀸즈 멘 극단이

셰익스피어에게는 하늘에서 내려온 동아줄 같았어요. 그 동아줄이 튼튼한 것인지 썩은 것인지는 잘 모르지만, 꼭 붙잡아야만 할 것 같았어요. 셰익스피어의 머릿속에는 퀸즈 멘 극단을 따라 런던으로 가야 한다는 생각만 있었어요. 스무세 살의 셰익스피어에게는 이루고 싶은 중요한 꿈이 있었어요. 마음이 흔들릴 때마다 '기회는 이번뿐이야. 까짓 거 안 되면 다시 스트랫퍼드로 돌아오면 될 거 아냐!'라고 생각하며 스스로 마음을 다잡았어요.

퀸즈 멘 극단의 마지막 공연이 있는 날, 셰익스피어는 마음이 급해졌어요. 연극이 끝난 뒤 셰익스피어는 극단 단원들이 일하고 있는 무대 쪽으로 걸어갔어요. 행여 하늘이 준 기회를 놓칠까 두려운 마음으로 무작정 연습장으로 찾아간 거예요.

"안녕하세요? 저는 이 마을에 사는 윌리엄 셰익스피어라고 합니다."

"무슨 일이요? 오늘 공연은 끝났소이다."

바쁘게 무대 정리를 하는 극단 단원이 쳐다보지도 않고 말했어요. 셰익스피어는 용기를 내서 말을 이어 갔어요.

"며칠 전 우연히 단원들의 대화를 들었습니다. 사고가 생겨 배우 한 분이 모자란다고요."

"그걸 어떻게 알았소?"

"일부러 엿들으려고 한 것은 아닙니다. 동네 주점에서 우연히……."

사실 퀸즈 멘 극단이 스트랫퍼드에 오기 전, 배우들끼리 싸우다가 불행하게도 한 명이 죽는 사고가 있었어요. 극단 입장에서는 한 사람이라도 더 필요한 형편에 중요한 배우가 사망했으니 큰일이었지요.

"제게 기회를 한 번 주십시오. 부끄럽지만 예전에 연극배우를 한 적이 있습니다."

"하하하! 이봐요, 젊은이! 연극이 어린애 장난인 줄 아시오?"

"허드렛일도 좋고, 심부름꾼도 좋습니다. 시켜만 주시면 다 할 수 있습니다."

"그만 가 보시오. 당신 같은 사람이 어디 한둘인 줄 아시오?"

"연기는 서툴지 몰라도 제가 평소에 시도 쓰고 희곡도 좀 써 봤습니다. 이것저것 안 해 본 게 없어요."

셰익스피어는 어이없다는 표정으로 바라보는 단원에게 진심을 다해 말했어요.

단원은 셰익스피어를 한참 바라보더니 이렇게 말했어요.

"내일 마지막 공연을 마치고 바로 런던으로 갈 건데, 따라올 수 있겠소?"

"물론이죠! 고맙습니다. 열심히 하겠습니다!"

셰익스피어는 부모님과 아내, 아이들이 걱정되었지만 새로운 세상에 대한 동경은 막을 수 없었어요. 이제 퀸즈 멘의 막내가 된 셰익스피어는 극단을 따라 런던으로 가는 마차에 올랐어요. 새로운 세상을 꿈꾸며 런던으로 가는 셰익스피어는 멀어져 가는 스트랫퍼드를 바라보았어요.

'안녕, 내 젊은 날의 고향 스트랫퍼드여! 새로운 세상으로 가는 내게 용기와 힘 그리고 행운이 가득하기를!'

런던에 둥지를 튼 시골뜨기

퀸즈 멘 극단의 단원이 된 셰익스피어는 런던에 와서 무슨 일을 했을까요? 무대 위에서 멋진 연기를 선보이고 관객을 열광시키는 작품으로 런던 시민들의 인기를 독차지하기를 기대했지만 현실은 달랐어요.

영국의 수도 런던은 세계 무역의 중심지답게 세상의 모든 것들이 모여들었는데 사람 또한 예외가 아니었어요. 영국은 물론 유럽 각지에서 내로라하는 작가, 화가, 음악가에서부터 시골에서 올라온 구경꾼은 물론 한몫 단단히 챙기려는 사기꾼들로 넘쳐났어요. 그야말로 런던은 하루도 조용할 날이 없는 대도시였어요.

그렇게 모여든 사람 중 하나인 셰익스피어는 퀸즈 멘 극단의 막내로 열심히 생활하고 있었어요.

"윌리엄, 여기 있는 이 무대 의상들을 대기실로 옮겨 주겠나?"

"오늘은 무대 뒤에 서서 막 내릴 준비 좀 해 주게."

"이보게, 극장 주변이 너무 더러우니 정리 좀 해 주지 않겠나?"

말이 좋아 극단의 단원이지 셰익스피어는 거의 심부름꾼과 같았어요. 그는 관람객들이 타고 온 말들을 돌보는 일까지 했어요. 재미있는 것은 그의 말을 다루는 솜씨가 엄청 뛰어났다는 거예요. 연극을 보러 오는 사람들이 말을 관리할 사람으로 셰익스피어를 찾을 정도였으니, 그 솜씨를 짐작할 수 있을 거예요. 셰익스피어는 남들이 우습게 여기는 일일지라도 게

으름을 피우지 않고 열심히 일했어요.

　셰익스피어가 다음으로 맡은 일은 프롬프터(prompter) 역할이었어요. 연극 도중 배우가 대사를 잊었을 때 작은 소리로 알려 주는 일이었지요. 이 역할은 셰익스피어에게 좋은 기회였어요. 어떤 배역의 배우가 언제 등장하며 역할에 따라 어떤 목소리를 내고 동작은 어떻게 하는지 등등 극의 흐름을 이해하는 데 큰 도움이 되었거든요. 무엇보다 프롬프터의 가장 큰 매력은 가끔 대역 배우로 무대에 올라갈 수 있다는 것이었어요. 그것은 하늘이 주는 기회였어요.

　"윌리엄, 이번엔 지나가는 노인 역할인데 괜찮겠나?"

　"지난번에 자네 연기를 보니 계속 무대에 올라가도 되겠더군!"

"이번엔 대사가 있는데, 떨지 않고 잘할 수 있겠나?"

그러나 늘 좋은 일만 있는 것은 아니었어요. 한두 마디 대사라도 잊어버릴까 봐 열심히 연습해도 막상 무대에 서면 까먹기 일쑤였어요. 무대 울렁증은 배우가 되기 위해서 반드시 극복해야 할 장애물이었어요.

오늘은 셰익스피어가 주인공의 친구 역할로 등장하는 날이에요. 상대를 보고 웃으면서 "그래, 오늘 기분은 어떤가?" 하면서 어깨를 툭 치는 아주 간단한 역할이었어요. 그런데 무대에 제때 등장하기는 했지만 관객들을 마주한 순간 대사가 입 속에 맴돌기만 할 뿐 밖으로 나오지 않는 거예요. 그 짧은 시간 동안 등에서는 식은땀이 흐르면서 어색한 침묵이 이어졌어요.

그러자 여기저기서 관객들의 야유가 쏟아졌어요.

"뭐야! 벙어리가 등장하셨네! 하하하!"

"저 얼굴 좀 봐. 벌개진 게 꼭 으깬 토마토 같지 않나? 하하하."

무대에서 가장 가까운 곳에 자리 잡은 관객들 중에는 무대를 향해 먹다 만 음식 찌꺼기와 함께 욕설을 뱉어 내는 사람도 있었어요.

그러나 관객들의 야유와 욕설도 셰익스피어의 열정을 꺾지는 못했어요. 셰익스피어는 사람들이 기억하지도 못하는 배역일지라도 최선을 다해 연기하며 힘들고 어려운 시간을 보냈어요. 시간이 지날수록 무대 울렁증도 차츰 없어지고 비중 있는 배역도 소화해 내면서 극단에서 조금씩 자리를 잡아갔어요.

단역 배우에서 흥행 극작가로

시간이 지나면서 셰익스피어는 배우가 아닌 다른 영역에 욕심을 내기 시작했어요. 지금은 아무도 알아주지 않지만 자신의 손으로 직접 쓴 작품을 무대에 올리는 것, 그것이 스트랫퍼드의 단칸방에서부터 키워 온 꿈이기도 했어요.

셰익스피어는 무대 위에 설 때마다 문법학교에서 배웠던 고대 로마의 희극 작가 플라우투스나 테렌티우스의 작품을 떠올렸어요. 그들의 책을 소리 내어 읽으며 연기해 보던 어린 시절을 떠올리며 자신이 직접 쓴 작품을 공연하는 것을 늘 꿈꾸었지요.

'내가 쓴 작품을 무대에 올려 공연하면 정말 멋지겠지? 그래 한번 써 보는 거야. 사람들이 감동하고 즐길 수 있는 최고의 작품을 말이야.'

셰익스피어는 다른 작가들이 쓴 작품이나 다른 극단에서 공연되는 작품들을 보며 공부했어요. 그리고 자신이 직접 쓴 작품을 읽어 보고 고쳐 가며 언젠가 무대에 올릴 날을 고대했어요.

셰익스피어가 무명의 배우로서 초보 극작가의 꿈을 키워 갈 무렵, 런던에서는 케임브리지와 옥스포드 같은 명문 대학교에서 학사와 석사 학위를 받은 '대학재사' 그룹의 작가들이 왕성하게 활동했어요. 그들은 다양한 시나리오를 창작하고 공연을 해서 영국의 연극 발달에 큰 역할을 했어요. 그들은 재주가 뛰어났지만, 자신들과 달리 학벌이나 능력이 부족한 사람들을 우습게 여겼지요. 셰익스피어처럼 대학을 나오지 않은 문법학교 출신의 작가들에게 촌뜨기 문법 지식밖에 모른다며 대놓고 무시했어요.

그들 중 영국 연극계의 최고의 자리를 차지하고 있던 사람은 크리스토퍼 말로였어요.

셰익스피어가 런던에 왔을 때, 말로는 이미 《탬버레인 대왕》이라는 작품으로 엄청난

크리스토퍼 말로(1564~1593년)
영국의 희곡 역사에 큰 유산을 남긴 극작가이다.

특권 의식으로 똘똘 뭉친 대학재사

대학재사(大學才士, university wits)는 16세기 말 영국 엘리자베스 1세 시대에 약 15년간 활동했던 명문 대학교 출신의 극작가 그룹을 일컫는 말이에요. 이들은 막간극(연극의 막 사이 또는 전후에 진행하는 짧은 연극)과 역사극 등 다양한 작품으로 영국의 연극 발전에 큰 역할을 했어요. 이들 중 옥스퍼드 대학교 출신의 존 릴리, 토마스 로지, 조지 필과 케임브리지 대학교 출신의 크리스토퍼 말로, 로버트 그린, 토마스 내시 등이 두드러진 활약을 했어요. 이들의 활약은 훗날 윌리엄 셰익스피어가 등장하는 토대를 만들어 주었다는 평가를 받기도 해요. 하지만 이들은 셰익스피어처럼 학력이 짧은 경쟁자들이 나타나면 신랄한 조롱과 풍자를 가해 웃음거리로 만들기도 했어요. 대학재사들이 연극 발전에 공헌한 점은 인정하지만, 학벌을 중심으로 남들을 무시하고 조롱하는 행위는 비판 받아야 할 점이에요.

인기를 끌고 있었어요. 이후 《파우스트 박사》, 《몰타의 유대인》이 연속으로 성공하며 말로는 셰익스피어가 감히 쳐다보지도 못할 거대한 산 같은 존재가 되어 있었어요.

　셰익스피어는 그의 작품들을 빼놓지 않고 보면서 인간이 살아가면서 품게 되는 다양한 욕망과 갈등 등을 연구했어요. 셰익스피어는 말로를 스승으로 삼아 배우고 익힌 것을 자신의 작품에 반영했어요. 자신보다 뛰어난 작가의 작품에서 하나라도 더 배우려는 셰익스피어는 자신의 이런 모습에 대해 부끄럽다는 생각은 전혀 하지 않았어요. 언젠가는 그와 만나 연극에 대해 이야기하게 될 날을 기다리며 열심히 작품을 쓰고 또 썼어요. 하지만 발표할 수 있는 기회는 좀처럼 오지 않았어요.

어느 날 셰익스피어는 아무도 없는 로즈 극장의 무대 위에 서 있었어요. 그는 대본을 손에 쥐고 텅 빈 객석을 바라보며 혼자 중얼거리기 시작했어요.

"내 영혼을 걸고, 이 창백하고 분노한 장미를,
피를 마시는 내 증오의 상징으로,
영원히 내가, 그리고 내 편이, 달고 다닐 것이다.
그것이 시들어 내 무덤에 함께 묻힐 때까지."

평소 단역만 하던 셰익스피어는 마치 연극의 주인공인 것처럼 표정과 몸짓을 하며 실감나게 연기했어요. 마치 객석에 관객이 있는 것처럼 말이에요.

이때 어두운 객석에서 누군가가 박수를 치며 다가왔어요. 바로 극단의 대표인 제임스 버비지였어요.

"윌리엄, 아까부터 자네를 지켜보고 있었네. 단역 전문 배우에게 이런 멋진 모습이 있다는 게 놀랍군."

"앗, 버비지 씨! 새 작품을 마무리해서 시험을 해 본 건데……."

"뭐라고? 새 작품이라니, 자네가 지었단 소리인가? 어디 대본 좀 볼 수 있겠나?"

"이게 제가 쓴 작품 《헨리 6세》입니다."

버비지는 셰익스피어로부터 대본을 받아들고 읽기 시작했어요. 한참을 읽던 버비지는 초조하게 자신을 바라보던 셰익스피어에게 이렇게 말했어요.

"자네의 작품을 무대에 올려도 되겠나?"

"네? 무대에 올린다고요?"

"왜? 무슨 문제라도 있나? 혹시 《헨리 6세》를 혼자만 간직하려고 쓴 건 아니겠지?"

"아, 아닙니다."

"좋네. 내일 당장 단원들을 불러 이 작품을 소개하겠네."

《헨리 6세》는 셰익스피어의 첫 공연작이 되었어요. 당시는 역사극이 많은 사람들의 관심을 끌던 시절이었어요. 《헨리 6세》는 1592년 3월에 첫 공연을 시작으로 매일 새로운 흥행 기록을 세웠어요. 그해 여름까지 만여 명이 넘는 관객이 《헨리 6세》를 관람했으니까요.

셰익스피어는 자신의 작품에서 권력을 둘러싼 영국 왕실의 왕위 계승 문제, 위대한 군주의 감동적인 행동, 가족과 형제 간에 벌어지는 비윤리적 모습 등 파란만장한 사건들을 다루었어요. 왕실의 비밀에 관심이 많았던 사람들은 당연히 셰익스피어의 작품에 큰 호기심을 가졌지요.

당시 극작가들이 작품에서 다루는 왕이나 장군, 귀족들의 행동들은 늘 비슷했어요. 높은 사람들은 실수도 하지 않고 엄청난 권력을 휘두르며 늘 명령만 하는 존재로 표현되었지요. 그래서 관객들이 보기에는 개성이 없어서 새로운 재미를 못 느꼈어요.

그런데 셰익스피어는 달랐어요. 왕이나 귀족들을 실수도 많고 조심성도 없는 약간 모자라는 인물로 설정해 다른 작가들과 큰 차이를 보였지요.

게다가 왕이나 귀족들이 역사를 바꾸는 중요한 결정을 내릴 때 지극히 개인적인 감정으로 처리하다가 그르치는 모습을 있는 그대로 보여 주었어요. 관객들은 민감한 부분까지 실감나게 다루는 셰익스피어의 작품에 열광했어요.

'모두가 다 아는 이야기만 쓰면 재미가 없지. 어떻게 하면 더 재미있고 감동적인 이야기를 쓸 수 있을까? 그래! 역사적 사건에만 치중하면 딱딱할 테니, 그 사건을 만든 인간의 행동과 심리에 초점을 맞춰야겠어!'

셰익스피어는 사회의 전통을 과감하게 깨기 시작했어요. 그가 만들어 낸 파격적인 이야기 전개와 인물 묘사는 당시 역사극을 좋아하는 관객들에게 신선한 충격과 감동을 주었어요.

'책에 나오는 흔한 이야기라도 나만의 언어로 새롭게 표현한다면 그게 바로 창조가 아닐까? 배우들의 특징을 고려해서 대사를 쓰면 연기할 때 개성이 더 드러날 거야.'

셰익스피어는 많은 사람들이 이미 알고 있는 지식을 활용해서 인물에 대한 새로운 해석과 평가를 내려 관객들로 하여금 새로운 경험을 하게 했어요. 셰익스피어는 역사적 사건들을 과감하게 변형시키고, 그 속에 속담이나 민담 주제를 돋보이게 하는 재미있는 이야기를 집어넣었어요. 그 결과 연극은 보다 쉽고 재미있게 관객들의 눈높이를 맞출 수 있었어요. 셰익스피어의 생각이 적중한 거예요.

"윌리엄, 오늘 공연도 매진이네!"

"관객들이 소리 지르고, 울고, 웃고 아주 반응이 대단했어!"
"극작가님! 다음 작품도 기대됩니다!"

동료들도 관객들의 반응에 깜짝 놀라면서 자기 일인 것처럼 기뻐했어요. 셰익스피어는 여기서 멈추지 않았어요. 곧바로 《헨리 6세》의 2·3부와 《리처드 3세》 등 영국의 역사를 다룬 작품들을 발표하며 관객들의 뜨거운 반응을 이어 갔어요.

《헨리 6세》 연작물은 셰익스피어를 배우가 아닌 극작가로 이름을 드높이는 계기를 마련해 주었어요. 이제 퀸즈 멘 단원들은 셰익스피어를 뛰어난 극작가로 대우해 주기 시작했어요. 사람들 입에서 곧 셰익스피어가 퀸즈 멘 극단의 전속 작가가 될지도 모른다는 말까지 나올 정도였어요. 런던의 연극계는 셰익스피어라는 새로운 스타의 탄생으로 들썩거렸어요. 시골에서 올라와 극단의 허드렛일을 도맡아 하던 셰익스피어가 스물여덟 살에 드디어 영국 연극계의 정상의 자리를 두드리게 된 거예요.

하지만 셰익스피어를 바라보는 시각이 모두 좋지만은 않았어요. 특히 대학재사 그룹의 반응은 매우 비판적이었어요. 그들에게 셰익스피어는 자신들의 자리를 넘보는 촌놈일 뿐이었어요.

그 중 로버트 그린은 자신의 책에서 이 시기의 셰익스피어의 모습을 다음과 같이 낮추어 말했어요.

우리들의 깃털로 아름답게 치장해 벼락출세한 까마귀가 있다. 배우라는 껍데기 속에 숨어 호랑이 심장으로 무장한 이 친구는 그대들만큼이나 시를 멋지게 쏟아 낼 수 있다고 생각하고 있다. 그는 못하는 게 없는 팔방미인이어서 연극 무대를 뒤흔들 수 있는 건 자기뿐이라는 식으로 우쭐하고 있다.

평소에 로버트 그린은 '라틴 어는 조금밖에 모르고 그리스 어는 더욱 모르는 촌놈이 극장가를 뒤흔든다' 며 셰익스피어를 비난했어요. 그런데 그의 책에 적힌 내용에는 전에 했던 말에서 느낄 수 없었던 셰익스피어에 대한 경계심과 그의 재능에 대한 부러움이 들어 있어요. 로버트 그린이 이토록 경계할 정도로 셰익스피어는 자신의 영역에서 확고한 자리를 차지하고 있었지요.

셰익스피어는 많이 배우지 못했고 배경도 탄탄하지 않았어요. 그는 정든 가족과 고향을 떠나 낯선 런던에서 극작가의 이름을 알리기까지 고생을 많이 했어요. 그가 이처럼 짧은 시기에 성공할 수 있었던 까닭은 무엇일까요? 바로 학교 밖 세상을 통해 많은 것을 배웠기 때문이에요.

셰익스피어의 학교는 '대학'이 아니라 '세상'이었어요. 셰익스피어는 평범하지만 매우 다양한 사람들의 삶 속으로 직접 들어가 끊임없이 부딪히며 몸으로 그들의 삶을 배웠어요. 비록 학교 교육을 많이 받지 못했지만 더 큰 학교인 '세상'에서 배운 지식을 새롭게 해석하고 적용하는 능력을 키운

거지요. 거기에 셰익스피어 특유의 언어 감각과 재치 있는 입담을 더해 사람들에게 큰 즐거움을 주는 극작가가 될 수 있었어요.

셰익스피어는 로버트 그린이 말한 것처럼 '겉만 아름답게 치장한 까마귀'가 아니었어요. 이솝 우화에 나오는 '까마귀'는 다른 새의 털을 가지고 자랑하다가 망신을 당했지만, 셰익스피어는 그것을 자신만의 것으로 만들어 새로운 작품 세계를 창조한 개성 넘치는 극작가였던 거예요.

- 흑사병 때문에 찾아온 위기
- 후원자를 찾기 위한 경쟁
- 첫 시집 《비너스와 아도니스》
- 소네트에 사랑을 담아
- 로드 체임벌린즈 멘 극단

다양한 지식을 융합한 예술성
르네상스맨 3

셰익스피어는 이십 대 후반에 런던 연극계에서 알아주는 극작가가 되었어요. 하지만 거기에 만족하지 않고 새로운 분야에 도전장을 내밀었어요. 셰익스피어는 다양한 분야의 경험과 지식을 융합해서 그것이 가지고 있는 새로운 가치를 찾아내는 데 천부적인 재능이 있었어요. 그는 신화와 역사에 대한 관심과 탁월한 언어 구사 능력, 세심한 관찰력으로 인간의 행동과 감정을 누구보다도 잘 표현해 냈거든요.

흑사병 때문에 찾아온 위기

셰익스피어가 한창 극작가로 명성을 날리던 1592년, 런던에 큰 재앙이 불어닥쳤어요. '페스트'라 불리는 흑사병이 퍼지면서 많은 사람들을 죽음으로 몰아넣었던 거예요. 흑사병은 전염성이 매우 강해서 사람들이 많이 사는 런던 같은 대도시를 큰 위험에 빠뜨렸어요. 셰익스피어에게도 위기가 찾아왔어요. 수천 명의 사람들이 죽어 나가는 상황에서 정부는 문제의 원인을 엉뚱하게 극장으로 돌려 엄청난 조치를 내린 거예요. 바로 극장 폐쇄였어요. 많은 사람들이 한꺼번에 모이는 곳일수록 전염병이 쉽게 번진다는 것이 이유였어요. 연극 공연이 시작되면 극장 주변에 런던 사기꾼과 소매치기, 불량배 등이 몰려들어 크고 작은 사고들이 늘 생겨 관리들에게는 골치 덩어리였지요. 그래서 교회를 제외한 모든 형태의 모임을 금지한다는 명령이 내려졌어요. 한마디로 흑사병을 핑계로 런던 시민들이 스트레스를 풀기 위해 찾았던 모든 공간을 금지한다는 것이었어요.

"지금 런던에 퍼지고 있는 흑사병은 우리의 죄를 물으시는 하늘의 경고입니다. 이제 우리에게 내일은 없을지도 모릅니다. 용서를 구하세요."

극장 건너편에는 교회에서 나온 사람들이 거리를 지나가는 사람들에게 큰 소리로 연극을 보지 말라고 외쳤어요. 당시 연극에 대해 가장 부정적으로 생각하고 있던 곳이 바로 교회였거든요.

"사내들끼리 천박한 옷을 입고 남 흉내 내며 낄낄대는 저 연극이야말로

죄악의 근원입니다. 우리의 죄가 뭔지 아십니까? 무대 아래에서는 처음 보는 남녀가 구경하다가 서로 눈이 맞는 저 모습이 도덕적 타락이 아니고 무엇입니까?"

"맞습니다. 소돔과 고모라에서 있었던 타락이 벌건 대낮에, 그것도 바로 우리 눈앞에 있는 저 극장 안에서 벌어지고 있습니다. 여러분!"

그들이 보기에 남자들이 여장을 하기도 하고, 수많은 관객 앞에서 욕설과 음담패설은 물론이고 살인이나 폭행 장면까지 보여 주는 연극이야말로 사람들을 타락시키는 주범이었던 거예요. 그들은 그것을 보고 히히덕거리며 즐거워하는 관객들 또한 죄인으로 몰아붙였어요.

정부의 조치로 가장 큰 피해를 본 것은 극장에서 일하는 사람들이었어요. 연극배우들은 무대에 설 수 없어 실업자가 되고 말았어요. 그들은 큰 소리로 항의조차 할 수 없었어요. 당시 연극배우에 대한 대우는 그리 좋은 편이 아니었어요. 무대 위에서 박수를 받을 때나 화려하지, 부유한 귀족이나 공직자들의 후원이 없다면 무대 위에 아무것도 올릴 수 없었거든요. 공연 대본도 관청에서 먼저 보고 적합하다는 판정이 있고 나서야 무대에 올릴 수 있었지요. 그러니 연극에 종사하는 사람들은 관청의 눈치를 볼 수밖에 없었어요.

상황이 이렇게 되자 어떤 사람들은 유랑 극단을 만들어 시골로 내려가기도 하고, 또 어떤 사람들은 연극을 그만두고 새로운 일을 찾아 나서기도 했어요. 수십 년간 무대 위에서 수천 명의 관객들을 울리고 웃겼던 배우들의 신세가 정말 처량하게 되었지요.

그런 어수선한 날들이 계속되던 어느 날, 런던을 떠나는 사람들이 셰익스피어에게 함께 일을 하자고 제의를 해 왔어요. 작품을 계속 공연하려면 극작가가 있어야 했거든요.

"우리는 당분간 런던을 떠나기로 했네. 함께 가지 않겠나?"

"저는 런던을 떠나지 않을 겁니다."

셰익스피어는 단호하게 말했어요.

"여기에 있다가는 흑사병에 걸려 죽을지도 모르네! 일주일 동안 천 명이나 죽었다는 이야기를 못 들었나?"

"윌리엄, 저 런던 시내의 모습을 보게. 시커멓게 타들어 가며 죽어 가는 사람들을 보란 말일세. 여기 있다간 자네도 큰일을 당하게 될지 몰라!"

"저는 흑사병에 걸려 죽더라도 런던에 있을 겁니다."

"윌리엄, 자네 고집은 알아줘야 한다니까!"

"제 걱정을 해 주셔서 고맙습니다만, 런던에서 새로운 일을 하며 버텨 볼 겁니다. 두고 보세요."

"알았네. 가끔 소식 전할 테니 생각 있으면 우리한테 오게나."

사실 셰익스피어도 사람들을 따라 안전한 시골로 가면 어떨까 하고 고민했어요. 하지만 마음이 약해질 때마다 이렇게 다짐하곤 했어요.

'어렵게 얻은 작가의 자리를 버리고 가면 후회할지도 몰라.'

'당분간 연극은 잊자. 애를 태운다고 해결되지 않잖아?'

'이제 연극 말고 새로운 분야로 눈을 돌려야 해! 이 위기가 내게 새로운 힘을 줄 거야!'
'스트랫퍼드에 있는 가족들을 떠올리자! 아이들을 위해서라도 문 닫은 극장 앞에서 서성대는 일은 이제 하지 말자!'

셰익스피어는 힘이 들 때마다 가족들의 모습을 떠올렸어요. 특히 아들 햄닛의 해맑게 웃는 모습은 셰익스피어에게 큰 힘을 주었어요.

셰익스피어는 주머니에서 꼬깃하게 접힌 종이를 꺼내 읽기 시작했어요. 그것은 아들이 처음으로 써서 보낸 편지였어요.

　삐뚤빼뚤 쓴 글씨지만 기특하게도 아빠를 생각하는 마음이 뚝뚝 묻어났어요. 얼마나 자주 보았는지 종이가 너덜너덜할 정도였지요.
　셰익스피어는 딸들에게는 글을 가르치지 않았지만 아들에게는 고향집에 갈 때마다 꼭 글자를 읽고 쓰는 법을 가르쳐 주곤 했어요.
　'그래, 아들이 자랑스럽게 생각할 수 있는 아버지가 되자. 여기서 좌절하지 말고 새로운 방법을 찾아보자!'

아빠! 저 햄닛이에요.
매일매일 만나지는 못하지만 그래도 전 괜찮아요. 아빠가 런던에서 가장 훌륭한 작가라는 것을 알거든요. 저는 아빠가 써 주신 대로 배우들이 연기한다는 말을 들었어요. 아빠의 말 한마디에 죽은 척하는 아저씨도 보고 싶어요. 저도 아빠처럼 글을 잘 쓰는 사람이 될 거예요.

후원자를 찾기 위한 경쟁

셰익스피어는 런던을 떠나지 않는 대신 새로운 분야로 눈길을 돌렸어요. 바로 시를 쓰는 일이었어요. 당시 사람들은 시를 가장 수준 높은 예술로 높이 평가했어요. 희곡작가가 아무리 인기 있다고 해도 크리스토퍼 말로 같은 몇몇 유명한 극작가 빼고는 대부분 작가들이 정식 작가로 인정받지도 못했고 대접도 받지를 못했어요. 열심히 작업한 대본도 연극이 끝나면 책으로 만들어지거나 잘 보관되는 일도 없었어요. 설령 책으로 만들어진다 해도 비싼 돈을 주고 사 볼 사람도 없었지요. 그러다가 다시 공연하려 할 때는 그 당시 공연했던 배우들이 외운 대사에 의지해서 공연 준비를 하곤 했어요. 만약 배우들의 기억력이 좋지 않으면 엉터리 대사로 연기해 연극의 질은 당연히 떨어질 수밖에 없었지요.

하지만 시인에 대한 대우는 조금 달랐어요. 시인들은 자신의 작품을 부유한 귀족이나 왕족에게 헌정하면 사례금을 받았거든요. 요즘처럼 독자들을 위해 쓰는 게 아니라 단 한 사람의 귀족을 위해 시를 썼던 거예요.

셰익스피어는 사우샘프턴 백작이라는 젊고 잘생긴 귀족에게 시를 바치기로 마음먹었어요. 사우샘프턴 백작은 형편이 어려운 작가들을 후원하는 사람으로 유명했어요. 하지만 런던의 상황이 좋지 않아서인지 후원자를 찾으려는 작가들의 경쟁 또한 만만치 않았어요. 풋내기 작가인 셰익스피어로서는 그 쟁쟁한 경쟁자들 틈으로 들어가기가 어려웠지만 부딪쳐 보기로 했어요. 셰익스피어는 홀로 사우샘프턴 백작의 집을 찾아가 문을 두드렸어요.

"이게 누구신가? 퀸즈 멘 극단의 셰익스피어 선생이 아니시오?"

백작의 비서가 놀란 얼굴로 셰익스피어를 맞이했어요.

"제 이름을 어떻게 아시는지……."

"지난 봄 로즈 극장에서 《헨리 6세》를 아주 감명 깊게 봤습니다. 어찌나 역사극을 잘 쓰셨던지, 백작님께서도 두고두고 감탄하셨습니다. 그런데 백작님께는 무슨 볼일이 있으신지요?"

"제가 이번에 소네트를 썼는데, 백작님께 보여 드리고 싶어서요."

"아, 백작님의 후원이 필요하다는 말씀이군요."

"맞습니다. 극장이 모두 문을 닫아서, 글 쓰는 사람으로서 참 힘이 듭니다."

"하지만 백작님께서는 이미 크리스토퍼 말로 씨와 토마스 내시 씨를 후원하고 계십니다. 더군다나 그분들은 명문 대학교 출신이신데 셰익스피어 선생은……."

사우샘프턴(1573~1624년)
셰익스피어를 후원한 백작이다.

***소네트** 정형시 중 가장 대표적인 시의 형식으로, 소곡 또는 14행시라고도 한다.

"저는 시골의 문법학교 출신입니다만, 백작님께서 작품은 보지도 않고 학교 이름만으로 작가들을 후원하시는 줄은 몰랐군요. 저는 백작님의 안목이 매우 다르다고 들었는데……."

"그, 그게 아니라……."

백작의 비서는 순간 당황해 말문이 막혔어요. 셰익스피어는 굳은 얼굴로 비서에게 종이 뭉치를 건네며 말했어요.

"한 가지만 부탁 드려도 될까요? 이 시를 백작님께 꼭 전해 주셨으면 합니다."

셰익스피어는 어깨를 축 늘어뜨린 채 돌아왔어요. 쉬운 일은 아닐 거라 생각은 했지만 쟁쟁한 작가들과 경쟁하게 될 줄은 몰랐거든요. 셰익스피어는 작품만 훌륭하면 그만이지 학교는 크게 중요하지 않다고 생각했지만, 현실은 그렇지 않았던 거예요. 힘이 빠지기는 했지만 그래도 작품을 전했기 때문에 마음이 조금은 놓였어요. 이제는 기다려 보는 수밖에 없다고 생각하니까 오히려 마음이 편해지기까지 했어요.

그런데 며칠 뒤 백작의 비서가 셰익스피어를 찾아왔어요.

"셰익스피어 씨, 백작님께서 더 많은 작품을 보고 싶어 하시는군요. 언제든 방문을 환영한다고 하셨습니다."

"정말입니까? 제 작품을 읽어 보셨군요. 고맙습니다."

"빠른 시일 안에 다시 뵙기를 바란다는 말씀을 전하라 하셨습니다."

"알겠습니다. 새로운 작품을 완성하는 대로 찾아뵙겠습니다."

첫 시집 《비너스와 아도니스》

셰익스피어가 마음속 이야기를 시에 담기 위해 선택한 소재는 신화였어요. 어린 시절에 배웠던 흥미롭고 신비한 신화 속의 이야기들은 셰익스피어의 도전에 날개를 달아 주었어요.

그가 새로운 작품을 구상하면서 손에 든 첫 번째 책은 바로 오비디우스의 《변신》이었어요. 셰익스피어는 신화란 사람의 마음과 행동을 이해하는 열쇠와 같다고 생각했지요. 셰익스피어에게 오비디우스의 이야기는 마르지 않는 우물과 같았어요. 셰익스피어는 《변신》에 있는 수많은 이야기들을 천천히 읽으면서 젊은 백작과 독자들의 마음을 감동시킬 소재를 찾았어요.

'사람들은 어떤 이야기를 좋아할까? 옳지! 많은 사람들이 좋아하는 사랑 이야기가 좋겠어!'

'신화 속 주인공에다 사랑을 주제로 한다면……? 비너스의 이야기가 제격이지!'

1953년 셰익스피어는 오랜 고민 끝에 《비너스와 아도니스》라는 첫 시집을 발표했어요.

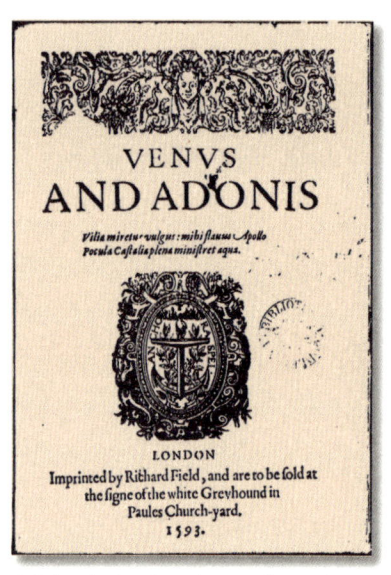

《비너스와 아도니스》의 속표지(1593년)

나의 진정한 스승 오비디우스여

당신을 처음 만난 것은 어릴 적 문법학교의 딱딱한 책상이었습니다.
책을 펼치며 한 글자 한 글자 소리 내어 읽다 보면 어느새 제 눈앞에 새로운 세상이 열리곤 했습니다.
당신의 책 속에서 신들과 영웅들 그리고 역사적 인물들의 이야기를 차례대로 읽으면서 저는 그들과 함께 시간을 초월해 함께 싸우고, 여행하고, 사랑하는 경험을 했습니다.
그런 것이 제 이야기의 소중한 소재가 되었습니다. 저는 당신의 허락도 없이 이야기를 빌려 왔습니다. 게다가 그 이야기에 저의 상상력을 붙여 넣기까지 했습니다.
당신은 작품 마지막 행에 이렇게 썼습니다.

> 나의 더 나은 부분은 영속하는 존재로서 저 높은 별들 위로 실려 갈 것이고, 내 이름은 소멸하지 않을 것이다. 로마의 힘에 정복된 나라들이 펼쳐져 있는 곳이라면 어디서나 나는 백성들의 입으로 읽힐 것이며, 시인의 예언에 진실 같은 것이 있다면, 내 명성은 영원히 살아남게 될 것이다.

당신의 이름은 소멸하지 않고 영원히 살아남아 밤하늘의 별이 되어 우리를 지켜볼 것입니다.
당신이 쓴 구절구절들은 후대 작가들의 글 속에서 새로운 생명을 얻어 아름다운 감동으로 전해질 것입니다.

당신의 글을 사랑하는 셰익스피어 올림

아름다움의 여신 비너스가 잘생긴 청년 아도니스에 반해서 사랑에 빠지지만, 아도니스는 죽음을 맞이해요. 비너스는 그의 넋을 위로하기 위해 그를 다시 아네모네 꽃으로 태어나게 하지요.

셰익스피어는《변신》에서 이 아름답고 슬프고 애절한 사랑의 이야기를 빌려 왔어요. 물론 신화의 내용을 그대로 사용하지 않았어요. 자신의 특기를 살려 원작과는 다른 느낌의 작품은 물론, 상상력을 발휘해서 신화 속 인물과는 다른 새로운 인물을 만들어 냈어요.

원래 신화에서는 아도니스가 비너스의 유혹을 거절하거나 반항하지 않고 유혹에 바로 넘어가지요. 신의 명령을 그대로 따르는 소극적이고 순응적인 인간의 모습으로 말이에요. 하지만 셰익스피어는 시에서 아도니스가 비너스의 애절한 사랑 고백을 냉정하게 뿌리치는 모습으로 바꾸었어요. 셰익스피어는 여신의 간곡한 호소를 매정하게 거부하고, 죽음이 기다리는 길을 당당하게 선택하는 인간의 모습을 그려 냈지요. 다른 작가들이라면 원작을 그대로 표현했을지 모르지만, 셰익스피어는 달랐어요. 그는 자신의 작품 중심에 인간이라는 존재를 올려놓았어요. 인간의 주체적 사고와 행동을 표현했다는 점에서 셰익스피어 문학의 색깔을 느낄 수 있지요.

셰익스피어의 작품이 이런 특징을 보이는 것은 시대적 상황과 관련이 깊어요. 셰익스피어가 활동하던 시절, 영국에서는 이탈리아에서 시작된 르네상스가 전해지면서 큰 변화의 바람이 불었거든요.

르네상스는 사람들의 생각이 신(神) 중심에서 인간(人間) 중심으로 옮겨

가도록 만들었어요. 셰익스피어는 영국의 르네상스를 대표하는 작가로서 작품의 주제를 늘 인간에서 찾았어요. 평범한 사냥꾼인 아도니스가 신의 사랑을 거부하고 주체적으로 생각하고 행동하는 모습이야말로 인간 중심의 르네상스 정신을 추구한 셰익스피어의 생각이 잘 드러난 것이라고 할 수 있어요.

셰익스피어는 펜을 들어 《비너스와 아도니스》 맨 앞장에 서명을 하고 후원을 약속한 사우샘프턴 백작에게 감사의 글을 쓴 뒤, 그 시집을 들고 사우샘프턴 백작을 찾아갔어요. 셰익스피어는 사우샘프턴 백작이 자신의 시를 마음에 들어 한다면 오직 그를 위해서만 시를 쓰겠노라고 다짐하며, 많은 사람들이 지켜보는 가운데 낭독했어요.

사랑하는 아도니스가 죽었으니,
나 사랑의 신 비너스는 다음과 같이 저주의 예언을 하노라.
이후로 사랑에는 슬픔이 따르리라.
사랑에는 언제나 질투가 따를 것이고,
시작할 때는 좋겠지만 끝은 불쾌할 것이로다.
사랑은 변덕스럽고 거짓되고 기만투성이고,
싹트자마자 단숨에 시들어 버리리라.
밑바닥에는 독이 차 있으면서
겉모습은 진실한 눈을 속이는 꿀이 발라져 있으리라.

매우 강한 자도 약하게 만들 것이고, 현명한 자는 벙어리로,
어리석은 자는 *능변이 되도록 가르치리라.
사랑은 인색하면서도 *방종이 지나칠 수도 있으리라.
노쇠한 늙은이에게 춤추는 것을 가르칠 것이고,
잔인한 악한도 얌전하게 만들리라.
부자를 허물어뜨리고 가난한 자를 부유하게 만들 수도 있으리라.
또한 미친 듯이 사나워지고 바보같이 온순하게 하며,
젊은이를 늙은이로, 늙은이를 어린애로 되게 하리라.

《비너스와 아도니스》 중에서

시가 낭독되는 동안, 백작과 그 자리에 있던 많은 사람들이 숨을 죽였어요. 시구 하나라도 놓치지 않으려는 듯 집중하며 듣던 사람들은 아도니스의 죽음을 슬퍼하여 *오열하는 비너스의 모습을 떠올리며 눈물을 흘렸어요. 특히 여성 귀족들은 마치 자신의 사랑이 꺼진 것마냥 한숨을 내쉬며 아도니스의 죽음을 안타까워했어요.

셰익스피어의 작품에 대한 사람들의 반응은 매우 뜨거웠어요. 백작에게 *헌정된 이후 인쇄소에 넘겨진 《비너스와 아도니스》는 사람들의 입에서 입으로 전해지면서 시인 셰익스피어의 이름이 널리 알려졌어요. 셰익스피

---

*능변 말을 능숙하게 잘함.
*방종 제멋대로 행동하여 거리낌이 없음.
*오열 목메어 욺.
*헌정 물품을 올림.

어가 살아 있는 동안 아홉 번씩이나 책을 찍을 정도로, 영국을 강타한 베스트셀러 시집이었지요.

이듬해 셰익스피어는 두 번째 시집 《루크리스의 능욕》을 발표했어요. 《비너스와 아도니스》가 신화의 이야기를 빌려 온 것과는 달리, 《루크리스의 능욕》은 고대 로마의 역사에서 아이디어를 얻어 쓴 시집이었어요.

이 작품은 고대 로마 역사 중에서 왕정에서 공화정으로 넘어가는 시기에 일어났던 사건을 다루고 있어요. 무거운 주제와 등장인물의 슬픔과 한탄이 심각해서인지 크게 성공을 거두지는 못했어요. 하지만 셰익스피어는 자신의 작품이 담을 수 있는 범위를 확대했다는 자신감을 가질 수 있었어요. 한때 벼락출세한 까마귀라고 조롱까지 받았던 셰익스피어가 런던 최고의 시인이라고 찬사를 받는 위치에까지 오른 것이지요.

셰익스피어는 어린 시절 문법학교에서 배운 신화, 라틴 어 등 다양한 분야의 지식을 활용해 새로운 가치를 창조할 수 있었어요. 셰익스피어에게 신화와 역사는 마르지 않는 우물로 그의 작품들 속에 상당 부분 인용되었답니다.

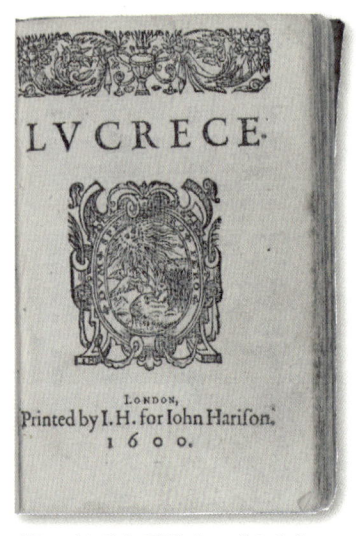

《루크리스의 능욕》의 속표지(1616년)

***인용** 남의 말이나 글을 자신의 말이나 글 속에 끌어 씀.

셰익스피어가 창조한 표현들

셰익스피어는 이미 존재하고 있는 것들을 섞고 나누고 쪼개는 능력이 뛰어났어요. 사람들이 흔히 사용하는 표현들을 정리하고 상황에 맞게 새로운 의미를 부여해 어느 누구도 하지 못한 위대한 일을 해냈어요. 바로 '신조어'예요. 그는 상황에 적합한 새로운 단어를 만들어 사용하기도 했고, 기존의 단어를 합쳐서 좀 더 의미를 정확하게 나타내려 노력했어요. 이렇게 해서 셰익스피어가 만든 단어와 어휘가 무려 2,000여 개나 돼요. 우리가 일상생활에서 사용하는 영어 단어 중에서 셰익스피어가 만든 단어는 어떤 것이 있을까요?

manager 지배인
watch-dog 경비원
fair play 정정당당한 경기
lady-bird 무당벌레
love-letter 연애편지
The game is up. 승부는 끝났다
sea change 큰 변화(상전벽해)

gloomy 우울한
useless 쓸모없는
pale-faced 창백한
never-ending 끝없는
upstairs 위층
downstairs 아래층
Love is blind. 사랑하면 눈이 먼다

소네트에 사랑을 담아

셰익스피어는 《루크리스의 능욕》 이후 사랑과 욕망, 인생 등 다양한 주제를 가지고 소네트(sonnet)를 발표했어요. 작품의 대부분은 시인을 후원하는 어느 귀족 청년에 대한 찬양, 진정한 사랑과 결혼, 우정에 대한 조언 등을 서정적으로 담고 있었어요. 셰익스피어는 여러 사람들 앞에서 자신이 쓴 소네트를 낭독하곤 했어요.

 그대를 여름날에 비할 수 있을까요?
그대가 더욱 사랑스럽고 온화합니다.
거친 바람이 5월의 소중한 꽃망울을 흔들고
여름날은 너무나도 짧습니다.
태양은 때로 뜨겁게 빛나고
그의 황금빛 안색은 자주 흐려집니다.
모든 아름다움 중의 아름다움도 희미해지고
우연히 혹은 자연의 변화로 화려한 치장은 지워집니다.
그러나 그대의 영원한 여름은 시들지 않을 것이며
그대가 지닌 아름다움을 잃지도 않을 것입니다.
그대가 죽음 속을 헤맬지라도 죽음은 자랑치 못할 것입니다.
그대는 이 불멸의 시 속에서 영원할 테니까요.

사람들이 숨 쉴 수 있고 볼 수 있는 눈을 가진 한

이 시는 영원히 남아서 그대에게 생명을 부여할 것입니다.

─ 셰익스피어의 소네트 18번

셰익스피어의 낭독이 끝나자 사람들은 잠시 말을 잃었어요. 겉으로 보이는 화려한 것들은 언젠가는 사라지거나 변하지만, 당신을 향한 사랑은 영원하리라는 마지막 구절에 큰 감동을 받았던 것이지요.

"어느 누구도 사랑을 저렇게 아름답게 노래하지 못할 거예요!"

"셰익스피어의 소네트는 언제나 제 마음을 흔든답니다."

"내가 누군가에게 저런 사람이 될 수 있다면 지금 죽어도 여한이 없겠어요."

사람들의 찬사를 들으며 셰익스피어는 조용히 작품이 적힌 두루마리를 말아 백작에게 전했어요.

백작은 환한 얼굴로 이렇게 말했어요.

"그대의 소네트가 내 마음을 움직이게 하는군요. 저는 사랑이나 결혼 같은 것에는 그리 관심이 없었답니다. 그런데 그대의 소네트에서 변치 않는 사랑의 모습을 알게 되니 누군가를 사랑하고 싶어지는군요."

"백작님의 마음이 제 소네트로 인해 살짝이나마 움직였다니 그저 기쁠 따름입니다. 사랑하는 여인을 만나시면 제 시보다 더 큰 감동과 아름다움을 경험하실 겁니다."

리듬이 있는 소네트

소네트는 13세기 이탈리아의 민요에서 시작되어 르네상스 시대에 유럽 전역에 널리 퍼진 시의 형태예요. 소네트는 모두 14행으로 구성하되 각 행은 10음절이라는 형식을 지켜야 하는 까다로운 정형시예요. 각 행 끝부분에 반복적으로 나타나는 발음이 있는데 이것을 압운(押韻, rhyme)이라고 하며, 시 전체에 리듬감을 주는 역할을 해요.

Shall I compare thee to a summer's day?
Thou art more lovely and more temperate:
Rough winds do shake the darling buds of May,
And summer's lease hath all too short a date:
Sometime too hot the eye of heaven shines,
And often is his gold complexion dimm'd;
And every fair from fair sometime declines,
By chance or nature's changing course untrimm'd;
But thy eternal summer shall not fade
Nor lose possession of that fair thou owest;
Nor shall Death brag thou wander'st in his shade,
When in eternal lines to time thou growest:
So long as men can breathe or eyes can see,
So long lives this and this gives life to thee.

– 셰익스피어의 소네트 18번

영국의 시인들도 소네트를 썼지만 셰익스피어의 작품이 가장 유명해요. 셰익스피어는 전체 14행을 각각 4행 – 4행 – 4행 세 부분으로 쓰고 마지막 2행에서 시상을 압축하는 형식을 사용했어요. 이것을 '셰익스피어식 소네트'라고 불러요.

셰익스피어의 소네트에는 누구나 겪게 되는 사랑의 기쁨과 고통 그리고 아름다움에 관한 표현이 많아요. 그래서 오늘날에도 많은 사람들이 즐겨 외우고 낭송하지요. 셰익스피어의 소네트가 이처럼 오랫동안 우리에게 감동을 주는 이유는 뭘까요?

19세기 영국을 대표하는 시인이자 비평가인 새뮤얼 콜리지는 셰익스피어의 소네트가 담고 있는 사랑의 다양한 모습에 대해 '셰익스피어는 천 개의 마음을 지닌 사람이다'라고 표현했어요. 사랑이라는 단어는 하나밖에 없지만, 셰익스피어는 천 가지가 넘는 사랑 이야기를 표현했다는 뜻이지요. 그래서 사람들은 셰익스피어가 창조한 그 수많은 사랑 이야기에 마음을 빼앗기는 거예요.

로드 체임벌린즈 멘 극단

흑사병의 기세가 꺾이기 시작했던 1594년 무렵, 셰익스피어는 다시 극작가로 돌아왔어요. 뿔뿔이 흩어졌던 옛 동료들이 런던으로 돌아오면서 새롭게 극단을 만들려는 움직임이 활발해졌지요.

셰익스피어는 시인으로서 명성을 얻었지만 틈틈이 희곡 작품을 썼어요. 이 무렵에 창작한 대표적인 작품이 《실수연발》, 《말괄량이 길들이기》, 《사랑의 헛수고》 등인데 지금도 많은 사람들에게 사랑을 받고 있어요.

이 무렵 리처드 버비지와 윌리엄 켐프가 셰익스피어를 찾아 함께 일해

보자고 제안해 왔어요.

"새롭게 극단을 정비하려는데 자네의 도움이 필요하네! 예전처럼 같이 일해 보지 않겠나?"

"여왕 폐하의 의전 장관인 헌스든 남작이 극단을 후원할 걸세. 리처드가 극단을 운영하고, 자네의 걸작들을 내가 연기하면 이 새로운 극단은 반드시 성공할 거야!"

"고맙네. 자네들과 함께한다면 내가 망설일 이유가 없지!"

셰익스피어는 두 사람과 서로 손을 맞잡고 환하게 웃었어요. 이렇게 출발한 극단이 바로 로드 체임벌린즈 멘 극단이에요. 단원들이 하나둘 모이면서 극단은 활기를 띠기 시작했어요. 2년의 공백 기간이 있었지만, 로드 체임벌린즈 멘 극단은 영국 최고의 극단답게 성공적으로 자리를 잡았어요. 극단이 결성된 그해 크리스마스에는 궁중에서 두 번이나 공연할 정도로 인기가 있었지요. 주로 셰익스피어가 새로 창작한 작품들을 공연했는데 《헨리 6세》 때 관객들이 보였던 것 이상의 호응을 받았어요.

"폐하께서 크리스마스 때 보신 연극이 아주 좋았다고 하시면서, 며칠 동안 주인공의 대사와 행동을 따라 하며 즐거워하셨습니다."

"영광입니다! 저희 로드 체임벌린즈 멘 극단에 주시는 최고의 찬사이십니다."

"하하, 런던에서 로드 체임벌린즈 멘 단원들의 연기가 최고라는 건 모두가 아는 사실 아니겠습니까?"

"저희들을 자주 불러 주신다면 충심을 다해 공연하겠습니다."

"셰익스피어 씨가 더 바빠지겠군요. 폐하께서 새 작품을 기다리고 계신다고 꼭 전해 주세요."

셰익스피어의 작품을 여왕 앞에서 공연한 뒤 로드 체임벌린즈 멘 극단은 여왕이 가장 아끼는 극단이 되었어요. 이제 극단은 큰 부와 명예를 거머쥘 기회를 가지게 된 것이지요. 궁중에서 받는 공연 대금은 일반 관객들을 대상으로 하는 것보다 훨씬 많았어요. 덕분에 극단의 단원들은 안정적으로 공연을 준비할 수 있게 되었어요. 매번 올리는 공연마다 일반 관객들의 평가도 좋아서 모든 단원들은 즐거운 마음으로 무대에 연극을 올리며 행복해 했어요.

셰익스피어는 로드 체임벌린즈 멘 극단을 책임지는 공동 운영자이면서 대표 극작가가 되었어요. 때때로 작은 배역을 맡아 무대 위에 오르기도 했고 배우들의 연기를 지도하는 연출가가 되기도 했어요. 거기에 사우샘프턴 백작으로부터 후원 받은 돈으로 극단에 투자까지 한 대주주가 되었어요.

셰익스피어는 런던에 온 지 10년 동안에 다른 사람이라면 평생 동안 해도 이루기 힘든 일을 다 해냈어요. 셰익스피어가 다른 사람들보다 운이 더 좋았을지도 모르지만, 이 모든 게 저절로 얻어진 행운일까요? 셰익스피어는 다양한 분야에서 새로운 지식을 배우는 데 게으르지 않았어요. 그리고 그것을 활용해 새로운 가치를 창조하려는 노력을 했지요. 이러한 이유로 사람들은 셰익스피어를 '르네상스맨(Renaissance man)'이라고 부르는 거예요.

르네상스맨이란 여러 분야에 걸쳐 폭넓게 전문적 지식을 갖고 있는 사람을 가리키는 말이에요. 셰익스피어는 다양한 분야의 경험과 지식을 융합해서 그것이 가지고 있는 새로운 가치를 찾아내는 데 천부적인 재능이 있었어요. 그는 신화와 역사에 대한 관심과 탁월한 언어 구사 능력, 세심한 관찰력으로 인간의 행동과 감정을 누구보다도 잘 표현해 냈거든요.

- 《로미오와 줄리엣》의 성공
- 현실을 담은 역사극
- 엘리자베스 여왕의 은밀한 부탁
- 무대 위에 올린 세상

새로운 지식을 창조한 노력

지구라는 무대에서 4

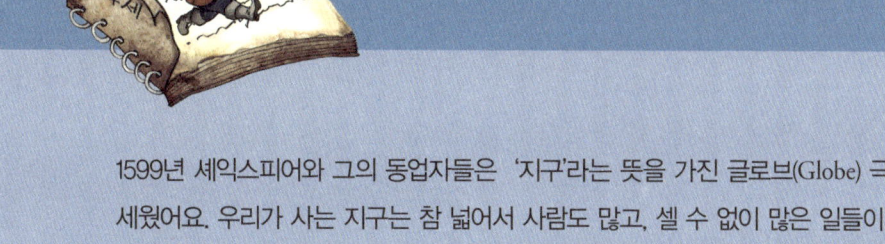

1599년 셰익스피어와 그의 동업자들은 '지구'라는 뜻을 가진 글로브(Globe) 극장을 세웠어요. 우리가 사는 지구는 참 넓어서 사람도 많고, 셀 수 없이 많은 일들이 일어 나지요. 셰익스피어는 글로브 극장에서 세상이라는 무대 위에서 다양한 사람들이 만들어 내는 이야기들을 담으려고 했어요.

≪로미오와 줄리엣≫의 성공

셰익스피어는 글로브 극장의 전속 작가가 되어 왕성하게 작품 활동을 했어요. 이 세상 모든 이야기들이 그에게는 작품의 소재였지요. 셰익스피어는 이미 알려진 이야기에 인문학적 상상력과 창조력을 보태 새로운 가치를 창출하는 재주꾼이었어요.

"리처드! 요즘 나는 지금까지 발표한 작품과는 다른 새로운 작품을 구상하고 있다네."

"뭐라고? 그러다가 관객들이 이상하다고 하면 어쩌려고 그러나?"

"그건 두렵지 않네. 나는 작품에 변화를 주고 싶어. 쉽지는 않겠지만 말일세."

이 무렵 셰익스피어는 자신의 작품 세계에 대해 많은 고민을 했어요. 그는 자신의 작품에서 이야기 진행의 미숙함과 단순한 구성, 그리고 등장인물의 심리나 행동 묘사에 아쉬움이 크다는 것을 깨달았어요.

"처음 ≪헨리 6세≫를 무대에 올릴 때는 몰랐지만, 요즘에는 ≪말괄량이 길들이기≫와 ≪실수연발≫을 무대에 올리면서 답답함을 느꼈다네. 뭔가 빠진 것 같은 기분이랄까? 인물의 심리 묘사부터 사건의 진행까지 미숙하다는 느낌 말일세. 나는 사람들이 느끼는 모든 감정들을 무대 위에서 펼쳐 보이고 싶네. 내 작품 속에 나오는 인물들에게 새로운 생명을 불어넣어 관객들이 인생을 더 생생히 느끼도록 하고 싶네."

　1595년 이후 셰익스피어는 예전과는 다른 작품들을 선보였어요. 대표적인 작품이 바로 《로미오와 줄리엣》과 《한여름 밤의 꿈》이에요.

　《로미오와 줄리엣》은 셰익스피어가 로드 체임벌린즈 멘 극단에 합류한 뒤에 처음 쓴 작품이에요. 우리가 잘 아는 것처럼 《로미오와 줄리엣》은 연인의 비극적인 사랑을 사실적으로 그린 작품이지요. 엄밀히 말하면 《로미오와 줄리엣》은 셰익스피어의 순수한 창작물은 아니에요. 오비디우스의 《변신》에 나오는 '피라모스와 티스베'의 비극적인 사랑 이야기와 아서 부르크의 《로메우스와 율리엣의 비극적 이야기》에서 가져온 기본적인 이야기에다 자신의 상상력과 창의력을 보태 새롭게 꾸민 작품이에요. 하지만 관객들은 무대에서 펼쳐지는 로미오와 줄리엣의 애절한 대사에 빠져들며 전혀 다른 새로운 감동을 받았어요.

로미오, 로미오! 어찌하여 그대는 로미오인가요?
아버지를 부정하고 그 이름을 버리세요.
아니면 절 사랑한다고 맹세만이라도 해 주세요.
그러면 저는 캐퓰릿이라는 성을 버리겠어요.

거룩한 천사여, 나도 내 이름이 밉소.
당신의 원수이니까. 내 이름이 종이에 적혀 있다면
그걸 갈기갈기 찢어 버리고 말 거요.

《로미오와 줄리엣》이 공연되는 동안, 셰익스피어는 무대 뒤에서 관객들의 반응을 살피고 있었어요. 연극이 후반부로 가면서 관객들은 점점 몰입했고, 배우들의 대사와 행동에 다양한 표정으로 반응을 보였어요. 관객들이 울고 웃는 모습을 바라보던 셰익스피어의 얼굴도 점점 붉어졌어요. 셰익스피어 주변으로 동료들이 모여들며 소리쳤어요.

"관객들의 표정을 보게나. 모두 줄리엣의 대사에 흠뻑 빠져 있어!"

"관객들의 저런 반응은 처음이야. 이번 작품은 대성공일세!"

셰익스피어는 관객들이 어떤 장면에서 웃고, 울고, 소리를 지를지 예상하기라도 한 것처럼 완벽한 무대를 만들었어요. 배우들의 대사와 행동이 계속될수록 관객들은 마치 자신이 무대 위에 서 있는 듯 몰입했어요.

특히 여성 관객들은 줄리엣의 적극적인 모습에 열광했어요. 당시 여성들의 사회적 역할과 활동은 매우 소극적이었지만 무대 위의 줄리엣은 그렇지 않았거든요. 줄리엣이 발코니에서 로미오에 대한 관심과 사랑을 애절하게 드러내는 모습, 결혼을 결정할 때 로미오보다 더 적극적으로 행동하는 모습은 매우 주도적이면서 당당해 보였어요. 여성 관객들은 자신의 삶을 적극적으로 주도하는 줄리엣을 보면서 몹시 부러워했고 자신의 모습을 되돌아보기도 했지요.

마침내 연극은 로미오와 줄리엣의 안타까운 죽음에 이어 두 가문의 화해가 이루어지면서 막이 내려졌어요. 관객들은 모두 일어나 박수를 치며 지금까지 경험하지 못했던 감동을 전했지요.

"브라보! 최고의 연극이야!"

"이렇게 가슴 저미는 사랑이 또 있을까?"

"셰익스피어의 다음 작품이 벌써 기다려지는걸!"

다음에 발표된 《한여름 밤의 꿈》도 매우 뛰어난 작품이에요. 사람들 사이의 갖가지 갈등과 불화가 나중에 결혼과 함께 화해되는 과정을 다루었는데, 내용은 《로미오와 줄리엣》과 비슷하지만 결론은 정반대예요. 이 작품에서 요정과 마법이 등장하는 장면은 신비롭고 환상적이어서 셰익스피어의 상상력이 아주 잘 드러났다는 평가를 받지요.《한여름 밤의 꿈》의 막바지에 이르면 행복한 표정과 웃음을 지으며 주인공들이 사라져요. 그러고는 요정들이 나와 결혼을 축복하는 노래를 부르며 손을 맞잡고 둥글게 춤을 추지요. 이때 '퍼크'라는 요정이 관객들에게 이렇게 말해요.

이 보잘것없고 허황된 연극이 한낱 꿈으로밖에 보이지 않는다고 해도, 여러분, 너무 나무라지 말아 주세요.

이 대사가 끝난 뒤, 무대는 점점 어두워지고 막이 천천히 내려졌어요. 관객들은 자리에서 일어나 박수를 치며 환호성을 질렀어요.

조지프 노엘페이턴 경(1821~1901년)의《오베론과 티타니아의 화해》(1849년)
《한여름 밤의 꿈》에서 화해하는 마지막 장면을 그린 작품이다.

셰익스피어는 이 작품을 통해 작품의 구성력을 한층 더 발전시켰어요. 현실과 상상의 세계를 오가며 펼쳐진 이야기들이 자연스럽게 이어졌거든요. 덕분에 이야기 구성이 매우 복잡함에도 관객들은 아주 편안하고 재미있게 연극을 감상할 수 있었어요.

셰익스피어는 관객과 호흡하는 작품을 발표하며 점점 자신의 이름을 알려 나갔어요. 《베니스의 상인》, 《사랑의 헛수고》, 《헛소동》, 《뜻대로 하세요》, 《윈저의 즐거운 아낙네들》 등이 이 시기에 나온 작품인데, 영국 여왕에서부터 평범한 사람들까지 두루두루 사랑을 받았어요.

현실을 담은 역사극

셰익스피어의 역사극 《헨리 4세》를 보고 나온 관객들은 조금 전 자신들이 봤던 장면을 떠올리며 신나게 이야기를 나눴어요.

"하하하, 오늘 무대에서 본 핼 왕자의 모습은 아주 기가 막혔네."

"그러게 말일세. 천하의 난봉꾼이 그렇게 멋진 사람으로 변할 수 있다니."

"폴스타프는 또 어떤가? 주정뱅이에 허풍쟁이, 게다가 사기꾼인데도 밉지가 않고 아주 매력적이지 않은가!"

"셰익스피어의 솜씨는 끝이 없는 것 같아! 비극, 희극 이제는 역사극까지 멋지게 쓰다니 말이야!!"

사람들은 《로미오와 줄리엣》, 《한여름 밤의 꿈》 등 지금까지 셰익스피어가 선보인 비극과 희극과는 사뭇 다른 역사 연작물을 보며 칭찬을 아끼지 않았어요.

1595년에 발표한 《리처드 2세》, 1596~1598년에 발표한 《헨리 4세》 1·2부, 1599년 발표한 《헨리 5세》를 셰익스피어의 역사 4부작이라고 해요. 처음 런던에 올라와 극단에서 허드렛일을 하던 셰익스피어가 처음 발표해서 명성을 얻은 작품이 바로 《헨리 6세》인 것을 보면 역사극과 인연이 깊은 듯해요.

역사 4부작 중 《헨리 4세》는 희극의 요소를 많이 가지고 있어서 특히 인기를 끌었어요. 이 작품은 실제 일어났던 반란과 내란, 왕위를 둘러싼 권력 다툼 등 역사적 사건을 다루었어요. 하지만 관객들에게 가장 큰 재미를 준 것은 1부에서 헨리 4세의 아들인 핼 왕자와 주정뱅이 늙은 기사 폴스타프 등이 벌이는 엉뚱하고 재미있는 이야기였어요.

하지만 2부가 시작되자 망나니짓을 하던 핼 왕자가 헨리 4세를 이어 왕위에 오르면서 반전이 일어나요. 새로 왕위에 오른 핼 왕자는 방탕한 생활을 접고 왕의 권위를 회복하면서 국가의 위기를 극복하는 영웅이 되거든요. 그는 바로 백년전쟁 때 아쟁쿠르 전투에서 프랑스를 크게 무찌르고 영국인들에게 영광의 역사를 선사한 헨리 5세예요.

이런 작품이 무대에서 펼쳐졌을 때 관객들의 반응은 어땠을까요? 위대한 왕의 일대기를 보며 과거의 영광을 되새기고 찬란했던 그날을 떠올리면서 자신들의 조국인 영국에 대해 자랑스럽게 생각하지 않았을까요?

셰익스피어는 역사 4부작을 통해 사람들에게 전하고 싶은 주제가 있었어요. 당시 영국은 결혼하지 않은 여왕이 군주로 있었기 때문에 후계자 문제로 늘 시끄러웠어요. 셰익스피어는 이런 모습을 보면서 현실은 혼란스럽지만 다가올 미래에는 헨리 5세 같은 군주가 나타날 것이라는 희망을 말하고 싶었던 거예요.

LONDON TODAY NEWS

1599년 △월 △△일

스타 작가 셰익스피어에게 묻다!

 요즘 런던에서 제일 잘나가는 작가 윌리엄 셰익스피어 씨를 만나기 위해 로드 체임벌린즈 멘 극단의 전속 극장에 나와 있는데요. 안녕하세요? 셰익스피어 씨.

 누추한 곳까지 찾아 주셔서 정말 고맙습니다.

 연극 《헨리 4세》의 인기가 엄청납니다. 그 비결이 뭘까요?

 저는 역사 속에서 현재의 삶의 모습을 말하고 싶었습니다. 역사는 지나간 기록이지만 항상 현실 속에서 반복적으로 나타나곤 합니다. 좋은 것은 배워야 하지만 실수는 반복하면 안 되지요. 상처와 후유증이 크니까요. 저는 역사극을 쓰면서 항상 이런 생각을 합니다. 옛것에서 새로움을 얻는다면 얼마나 좋을까 하고 말입니다.

 그렇군요. 특히 폴스타프라는 인물이 참 인상적인데, 이런 인물을 창조하신 이유가 있는지요?

 무거운 이야기만 하면 재미가 없잖아요? 폴스타프는 힘든 세상을 사는 사람들에게 활력소가 되는 인물이에요. 비록 나쁜 짓은 많이 하지만 늘 낙천적이고 긍정적이지요. 관객들이 그의 행동을 보고 웃으면서 스트레스를 확 풀었으면 좋겠습니다.

 그렇군요. 마지막으로 하시고 싶은 말씀 있으면 해 주세요.

 저는 우리의 인생을 무대에 쫙 펼쳐 보이고 싶습니다. 다양한 사람들의 다양한 이야기들을 보면 저절로 고개를 끄덕이게 되고 눈물도 나오고 또 분노를 하기도 하지요. 그렇게 많은 사람들이 공감하는 이야기를 쓰려고 해요.

엘리자베스 여왕의 은밀한 부탁

1597년 어느 깊은 밤, 검은 옷의 신사가 셰익스피어의 집 현관문을 급하게 두드렸어요. 오후에 《헨리 4세》를 성공적으로 공연하고 모처럼 편하게 쉬고 있는 셰익스피어는 깜짝 놀라 현관문을 열었어요.

"누군데 이 야심한 밤에 문을 두드린단 말이오?"

"셰익스피어 선생님, 지금 매우 귀한 분께서 급하게 선생님을 찾고 계십니다."

"매우 귀한 분이라면…… 혹시?"

검은 옷의 신사는 고개를 끄덕이고 말했어요.

"맞습니다. 오래 걸리지는 않을 겁니다."

"알겠소. 얼른 옷을 챙겨 입고 나오겠소."

"그렇게 하시지요. 마차를 준비해 놓겠습니다."

셰익스피어는 옷을 챙겨 입으며 곰곰이 생각했어요.

'그분이 왜 나를 찾으시지? 혹시 오늘 공연한 작품 때문인가? 설마…… 그 분이 내 작품을 어찌 알겠어.'

셰익스피어는 서둘러 마차에 올랐어요. 캄캄한 밤에 마차가 향한 곳은 바로 엘리자베스 1세 여왕이 사는 궁중이었어요.

"그대가 《헨리 4세》의 작가 윌리엄 셰익스피어인가?"

"네, 폐하. 그렇사옵니다."

"그대는 예전부터 영국의 왕 이야기를 다루고 있는데 그 이유가 무엇인가? 불경한 의도로 신성한 왕의 이야기를 하려는 게 아닌가?"

여왕은 셰익스피어를 향해 엄한 목소리로 물었어요.

"아니옵니다, 폐하. 저는 영국의 왕은 아무나 할 수 있는 자리가 아니라 신께서 선택하신 분만이 오를 수 있는 자리라는 것을 많은 사람들에게 알리려 했을 뿐이옵니다."

"그 말이 진심인가? 그 말을 믿어도 되는가?"

"진심이옵니다. 제 말에 목숨을 걸라 하시면 그렇게 하겠사옵니다."

셰익스피어는 여왕 앞에서 고개도 들지 못하고 쩔쩔매며 겨우 말을 이었어요.

"그렇다면 그대의 말을 믿겠네. 허나 조건이 하나 있는데 들어줄 수 있겠는가?"

"말씀만 하시옵소서."

"그대의 연극에 등장하는 폴스타프 경 말이네."

"폴스타프 경이라면 허풍쟁이 악당에다 야비한 늙은이 말이옵니까?"

"난 폴스타프 경이 악당이라기보다는 쾌활한 성격으로 다른 이들을 즐겁게 해 주는 매력적인 인물이라 생각하네."

"네? 폴스타프 경에게 매력을 느끼셨다고요?"

"하하하, 내 말이 믿기지 않는가?"

"폴스타프 경이 익살맞은 인물인 것은 맞지만, 폐하께서 매력을 느끼실 정도일 줄은 몰랐사옵니다."

"사람마다 취향이 다르지 않나? 그래서 하는 말인데, 나를 위해 작품을 써 줬으면 하네."

"작품이라면……."

"나는 가련한 홀아비 폴스타프 경이 사랑에 빠지는 모습을 보고 싶네. 나를 위해 써 주지 않겠나?"

"네? 하지만 너무 갑작스러워서……."

"이건 로드 체임벌린즈 멘 극단의 후원자로서 하는 부탁이자, 영국 여왕으로서 내리는 명령이오."

셰익스피어는 여왕의 요청을 받아들여,《헨리 4세》의 폴스타프 경을 새로운 작품인《윈저의 즐거운 아낙네들》에 등장시켰어요. 셰익스피어가 창조한 폴스타프는 사기꾼에 주정뱅이이고 허풍 또한 누구에게 지지 않는 인물로서 늘 사건을 몰고 다니는 말썽꾼이에요. 하지만 넘치는 유머로 관객들의 웃음을 이끌어 내는 캐릭터지요. 주제가 무거운 역사극에 폴스타

프 같은 흥미로운 캐릭터가 등장하니 사람들이 더욱 좋아했을 거예요. 이렇게 셰익스피어는 극 전개를 위해 상황에 적합한 새로운 인물을 창조하는 능력을 가지고 있었어요. 이게 바로 셰익스피어 작품이 흥행에 성공할 수 있었던 중요한 비결 중 하나예요.

셰익스피어는 어떻게 하면 관객들을 즐겁게 해 줄까 하고 늘 고민했어요. 관객들의 다양한 취향에 맞추려면 내용이 너무 어려워도 안 되고 또 너무 저속해도 안 된다는 것을 알았지요. 그래서 대본을 쓸 때 작품의 곳곳마다 웃음을 줄 수 있는 장면과 생각해야 하는 장면 등을 적절하게 섞어 많은 사람들이 공감하고 즐거워하도록 만들려고 노력했어요.

셰익스피어의 작품은 매우 대중적이었어요. 아름다운 사랑의 약속, 품위와 기품이 있는 귀족들의 말들, 시장 상인들의 거친 말투, 술자리에서나 들을 수 있을 법한 온갖 농담들이 작품 속에서 펄떡이며 살아 있는 집합체가 바로 그의 작품이에요. 엘리자베스 여왕도 푹 빠질 정도로 셰익스피어의 작품은 정말 재미있고 흥미진진했답니다.

엘리자베스 1세는 어떤 왕일까?

엘리자베스 1세는 1558년 11월 17일부터 1603년 3월 24일까지 44년간 잉글랜드 왕국 및 아일랜드 왕국을 다스린 여왕이에요. 여왕의 본명은 엘리자베스 튜더(Elizabeth Tudor)예요. 여왕은 16세기 초반 당시 유럽의 후진국이던 영국을 정치와 상업 및 예술 분야에서 유럽 최강의 지위로 끌어올려 세계 최대의 제국으로 발전시킨 왕이라는 평가를 받아요. 엘리자베스 1세 여왕 시절에 주변 강대국인 프랑스, 스페인 등을 물리치고 군사 강국으로 오른 것도 대단하지만, 사실 자신의 시대를 국민 문학의 황금기로 만든 것으로 더 유명해요. 여왕이 다스리던 시대는 윌리엄 셰익스피어의 등장으로 그 어떤 시기보다 문학이 융성하고 발전했어요. 그리고 프랜시스 베이컨이라는 최고의 철학자가 탄생하고 경험론 철학이 나타난 것도 이 시대의 대표적인 일이지요. 기록에 따르면 문화에 대한 여왕의 적극적인 관심 덕분에 영국 민중은 집안에 악기를 갖추어 문화 활동을 즐길 정도였어요. 한마디로 엘리자베스 1세는 영국에 '문화'라는 화려한 꽃을 피운 주인공이에요.

무대 위에 올린 세상

1576년에 런던 외곽에 둥근 외벽을 한 건물 하나가 들어섰어요. 사람들은 그 건물을 '씨어터(The theater)'라 불렀지요. 이 건물은 어느 누구도 생각하지 못했던 실내 극장이에요. 극장을 만든 사람은 제임스 버비지예요. 그는 여관의 앞마당이나 넓은 공터 등에서 벗어나 어떻게 하면 많은 사람들이 좋은 환경에서 연극을 볼 수 있을까 고민했어요. 그의 생각은 실천에 옮겨졌고 이전에 볼 수 없었던 독창적인 건축물이 세워졌지요.

하지만 생각하지 못한 위기가 극단에 찾아왔어요. 씨어터가 세워진 곳의 땅 주인이 계약 만료를 주장하면서 극단이 쫓겨나게 될 상황이 된 거예요. 하는 수 없이 제임스 버비지는 다른 곳에 건물을 빌려 극장을 만들었지만 그곳마저도 극장 주변 사람들의 반대로 제대로 된 공연을 할 수 없었어요. 그러던 중에 불행하게도 제임스 버비지는 세상을 떠났고, 극단은 창단 이후 최대의 위기를 맞았어요.

극단의 새 주인이 된 제임스 버비지의 두 아들 리처드와 커스버트는 이 위기 상황을 어떻게 해결하면 좋을지 고민하다가 회의를 열었지요. 전체 회의에 참가한 단원들뿐만 아니라 극단의 전속 작가인 셰익스피어 또한 얼굴에 걱정이 가득했어요.

리처드 버비지가 어두운 표정으로 사람들을 바라보며 말했어요.

"우리 모두 머리를 맞대고 이 문제를 해결해 봅시다. 좋은 의견 있으면 말씀해 주십시오."

모두들 뾰족한 해결 방법을 찾지 못해 눈만 끔벅거릴 뿐이었지요.

이때 누군가가 이렇게 말했어요.

"땅 주인의 고집을 꺾는 것은 불가능하니, 극장을 다시 사용하는 문제는 일단 포기하게. 하지만 건물만큼은 우리 소유이니 포기할 수 없지 않겠나? 이렇게 해 보는 게 어떤가?"

버비지 형제와 단원들은 동료의 입에서 나오는 기발하면서도 멋진 이야기에 귀를 기울였어요. 이야기를 듣는 동안 어두웠던 사람들의 표정이 점점 밝아졌지요.

1598년 12월 어느 날 밤, 씨어터 주변으로 십여 명의 사람들이 모여들었어요. 그들은 조용히 건물 안으로 들어가 건물의 목재를 뜯어내더니 그것을 마차에 실어 템즈 강으로 향했어요. 그곳에서 다시 배에 실린 목재들은 강 건너편 새로운 극장 예정 부지로 옮겨졌어요.

여러 날에 걸쳐 어둠 속에서 시작한 건물 목재 공수 작업은 마침내 끝이 나고, 이로부터 6개월 뒤 런던에는 아름답고 멋진 극장이 탄생했어요. 그 극장은 '지구'라는 뜻을 가진 글로브 극장(Globe Theatre)이에요. 극장의 주주이자 공동 소유자인 버비지 형제와 윌리엄 켐프, 셰익스피어는 글로브 극장 앞에서 각자 소감을 말했어요.

"우리는 런던에서 가장 화려한 최고급 극장 앞에 서 있습니다."

"지금 우리 극장 주변은 황량하기 이를 데 없으나 오늘 이 시간부터 이곳 글로브를 중심으로 사람들은 넘쳐나고 런던 연극의 중심이 될 것입니다."

"나는 글로브의 전속 작가로서 그 어느 때보다 열정적으로 작품을 쓸 것을 맹세합니다."

셰익스피어는 이미 머릿속에 배우들이 무대에서 어떤 모습으로 관객들을 만날지 그리고 있었어요.

글로브에서 공연된 첫 작품은 《헨리 5세》였어요. 사람들은 새 극장에서 공연하는 첫 작품을 보기 위해 일부러 배를 타고 템즈 강을 건너왔어요. 극장의 꼭대기에는 헤라클레스가 어깨에 지구를 짊어지고 있는 모습이 그려진 깃발이 나부꼈어요. 사람들은 '이 세상 전부가 연극 무대(Totus Mundus Agit Histrionem)'라는 글이 적혀 있는 출입문을 지나 극장으로 들어갔지요. 셰익스피어는 자신의 작품이 공연되는 무대를 바라보며 이렇게 말했어요.

"우리가 사는 세상이 연극의 무대와 같지 않은가? 사람들은 모두 무대에서 자신의 역할을 하는 배우들과 같아. 자신의 순서가 되면 등장하고 또 퇴장을 하지. 무대에서 맡은 역할이 바로 우리들이 사는 모습이야."

셰익스피어의 말처럼 연극 무대는 사람들이 살고 있는 세상의 모습을 그대로 옮겨 놓은 것처럼 다양한 삶의 모습을 보여 주었어요. 글로브 극장은 셰익스피어의 작품을 공연하며 세상에서 일어나는 다양한 모습을 전하는 장소가 되었어요.

복원된 글로브 극장

17세기 모습으로 복원된 글로브 극장
셰익스피어의 작품이 공연된 곳으로 유명하다.

셰익스피어의 많은 작품들이 공연된 글로브 극장은 몇 차례의 화재와 당국의 폐쇄 조치 등 우여곡절을 겪다가 1644년 철거돼 땅 속에 묻히고 말았어요. 현재의 모습으로 다시 선보인 것은 1997년으로 샘 워너메이커의 노력이 컸어요.

셰익스피어 작품을 몹시 사랑했던 샘 워너메이커는 기념 안내판만 남아 있는 글로브 극장의 흔적을 본 뒤에 다시 극장을 세우겠다고 결심했어요. 샘 워너메이커는 셰익스피어의 작품과 당시의 기록문서 등을 참고해서 복원하려고 했으나 쉽지 않았어요. 그러나 40년에 이르는 끈질긴 노력으로 1997년 6월 12일 개관했어요. 그러나 안타깝게도 샘 워너메이커는 1993년에 세상을 떠나 개관식을 보지 못했어요.

영국의 여왕인 엘리자베스 2세가 테이프를 끊으면서, 글로브 극장은 '셰익스피어의 글로브'라는 새 이름을 얻었지요. 공연된 첫 작품은 1599년 공연되었던 《헨리 5세》였어요.

현재 글로브 극장은 셰익스피어의 연극에 관한 모든 것을 볼 수 있는 공간이에요. 예전 그대로 내부 천장이 뚫려 있어서 자연광으로 공연하며 셰익스피어 시절의 모습을 재현하고 있어요. 덕분에 많은 관광객들이 찾는 명소가 되었답니다.

셰익스피어는 《헨리 5세》에 이어서 로마의 시저 암살 사건을 소재로 한 비극 《줄리어스 시저》를 무대에 올렸어요. 이 연극은 시저를 암살한 브루투스를 주인공으로 삼아, 인간이 현실과 이상 사이에서 겪는 심리적인 갈등을 표현했어요. 이어서 셰익스피어는 자신이 직접 늙은 하인 역할로 출연한 낭만 희극 《좋으실 대로》를 발표하며 글로브의 명성을 이어 갔어요.

사람들은 셰익스피어가 작품을 발표할 때마다 왕성한 창작력에 박수를 보내며 비극과 희극 그리고 역사극 모두에 능통한 작가라고 찬사를 아끼지 않았어요.

이렇게 셰익스피어는 성공한 극작가가 되었어요. 그는 정부에 '셰익스피어 가문'을 상징하는 문장을 신청해 1596년에 받았어요. 문장(紋章)은 국가나 가문, 단체, 개인 등을 상징하는 상징표예요. 이런 문장을 가지고 있다는 것은 가문의 영광이기 때문에 아무나 신청해 가질 수 없었어요. 셰익스피어가 가문의 문장을 가지게 되었다는 것은 젠틀맨(gentleman)의 위치에 오르게 되었다는 것을 의미해요.

후대의 셰익스피어 연구자들은 이 시기를 셰익스피어 작품의 성숙기라고 불러요. 그는 《로미오와 줄리엣》, 《한여름 밤의 꿈》, 《베니스의 상인》, 《리처드 2세》, 《존 왕》, 《헨리 4세》 1·2부, 《윈저의 즐거운 아낙네들》, 《헛소동》, 《헨리 5세》, 《줄리어스 시저》, 《뜻대로 하세요》 등 희극, 비극, 사극 등 다양한 작품을 선보이며 어느 누구도 따라올 수 없는 재미와 감동을 선사했어요.

그는 누구나 공감하고 감동하는 작품을 창작하고자 했어요. 신분의 높고 낮음, 여성과 남성, 다양한 직업의 사람들이 함께 즐길 수 있는 문학을 원했어요. 셰익스피어는 어느 누구에게도 적용할 수 있는 보편성을 추구했던 거예요.

문장(紋章)

셰익스피어 가문의 문장
'올바름을 잊지 않고'라는 의미가 들어 있다.

문장은 국가나 가문, 단체, 개인 등을 상징하는 상징표로 방패휘장이라고도 해요. 12세기 무렵 유럽에서 사용하기 시작했는데, 도안에 방패 등의 무기를 넣어서 구성하기 때문에 'coat of arms(코트 오브 암스)'라고 부르기도 해요. 주로 전쟁터에서 신원을 밝히기 위해 사용되다가 도안이 구체화되어 계보, 직업, 동맹 등 가문의 정보를 나타내게 되었고 나중에는 가문 이외에 대학이나 기업 등의 단체에서도 사용하게 되었답니다.

- 아들의 죽음을 가슴에 묻고
- 왕의 남자들 '킹즈 멘' 극단

인간을 이해하는 태도

비극의 연금술사 셰익스피어 5

셰익스피어를 좋아한다면 《햄릿》, 《리어 왕》, 《오셀로》, 《맥베스》라는 작품을 한 번쯤은 들어 봤을 거예요. 이 작품들을 셰익스피어의 4대 비극이라고 해요.
셰익스피어는 비극을 통해 인간의 욕망과 그 한계에 의해 초래되는 다양한 결말의 모습을 무대 위에 풀어 놓았어요. 그래서 사람들은 셰익스피어를 비극의 연금술사라고 불러요. 셰익스피어는 비극을 통해 어떤 새로운 가치를 창조했을까요?

아들의 죽음을 가슴에 묻고

"아이의 상태로 봐서는 아무래도 어려울 것 같습니다."

"선생님! 이제 열한 살밖에 안 된 아이예요. 엊그제까지만 해도 뛰어놀던 아이가 이럴 수도 있나요?"

"셰익스피어 씨, 죄송하다는 것밖에는 드릴 말씀이 없군요."

"햄닛! 눈을 떠 봐! 얘야!"

1596년 8월 11일에 서른두 살의 셰익스피어에게 하늘이 무너지는 슬픈 일이 생겼어요. 바로 외아들 햄닛의 죽음이었어요. 자식이 죽으면 부모는 가슴에 묻는다는 말이 있듯이, 셰익스피어의 가슴에는 먼저 보낸 자식에 대한 그리움과 슬픔이 가득했어요.

　셰익스피어는 어린 아들이 겪었을 고통, 아들을 위해 아무것도 해 줄 수 없었던 자신의 무기력함, 아들과 함께했던 아름다운 추억들이 떠올라 아무것도 할 수 없었지요. 작가의 특별한 경험은 창작 활동에 많은 영향을 주기도 하는데, 셰익스피어도 예외가 아니었지요. 이 무렵에 인류 최고의 비극이라고 하는 《햄릿》이 탄생한 것과 주인공의 이름이 아들의 이름과 비슷한 것을 봐도 알 수 있어요.

　《햄릿》은 셰익스피어의 작품 중에서도 가장 빼어난 작품이에요. 그래서 문학 비평가들은 《햄릿》을 차원이 다른 작품이라고 보지요. 셰익스피어는 어떤 생각으로 《햄릿》을 지었을까요?

　어느 날, 셰익스피어는 가까운 사람들과 선술집에서 시간을 보내고 있었어요. 주위에는 몇몇 극작가들이 있었는데, 그들은 최근에 발표된 여러 작품들을 비평하며 논쟁을 벌였어요. 셰익스피어는 그들이 이야기를 가만히 듣고 있었어요.

　"이보게, 풍자가 뭔 줄 아나? 어디서 공부했는지는 몰라도 자네의 극 전개 방법은 허술하다는 생각이 든단 말일세."

"뭐? 허술해? 매번 발표하는 작품마다 비슷비슷한 내용에 눈물 짜는 대사밖에 없는 자네 작품은 어떤가? 이제 런던에서 은퇴하고 짐 싸들고 고향으로 내려가지 그래?"

"이 사람이 못하는 말이 없군! 감히 옥스퍼드 출신인 내게 그런 말을 하다니!"

"그 유명한 옥스퍼드에서 조잡한 작품을 쓰는 법도 가르치나 보군?"

그날 늦은 밤에 셰익스피어는 서재에서 글을 쓰다가 낮에 사람들이 했던 말을 떠올리며 끝없는 생각에 잠겼어요.

'인생이 무엇인지, 연극은 인간의 어떤 면을 반영해야 하는지 치열하게 고민할 시간도 모자라건만, 도대체 배웠다는 자들이 서로 헐뜯고 조롱하는 모습은 뭐란 말인가?'

'나에게 연극은 무엇일까? 맞아! 연극이 곧 인생이 아니겠어? 살아 보지 않으면 절대 알 수 없는 인생. 그것을 무대 위에

올리는 것이 바로 연극의 본질이지.'

'아무리 알고 싶어도 알 수 없는 게 인생이야. 내가 한 경험과 생각이 모두 옳다고 말한다면 그건 거짓말이지. 결국 낮에 우리가 했던 말들은 장님이 코끼리 만지는 것과 뭐가 다르단 말인가?'

'나는 작품을 통해 늘 인간에 대한 질문을 던져 왔어. 그런데 채워지지 않는 갈증처럼 갈수록 간절해지는 것은 무엇 때문일까? 삶과 죽음이 무엇인지 그 본질적인 문제에 대한 답은 언제 찾을 수 있을까?'

당시 영국 사람들에게 연극은 가장 대중적인 오락이었어요. 그래서 극작가들은 극장을 찾는 다양한 사람들의 성향에 맞게 작품을 써야 했어요. 귀족들을 의식해서 고상한 말, 어려운 내용, 복잡한 구성을 중심으로 썼다가는 서민들로부터 외면당해 작품이 망할 수 있었어요. 그러다 보니 극작가들은 작품 중간에 흥미를 끌 수 있는 자극적인 내용이나 울음과 웃음을 유도하는 대사나 행동들을 집어넣었지요. 셰익스피어는 이런 일에 염증을 느끼며 좀 더 진실한 연극을 원했어요.

다음 날 셰익스피어는 동료와 논쟁을 벌였어요.

"윌리엄! 자네 작품에 대해 왈가왈부하는 게 아니네만, 조금 더 사람들이 흥미를 끌 수 있는 내용으로 바꾸는 게 어떤가?"

"뭐라고? 미안하지만 거절하겠네! 목을 비틀어 죽이고 시체로 음식을 만들어 복수하는 피비린내 나는 작품은 더 이상 쓰지 않겠네."

"윌리엄, 사람들이 좋아하는 연극을 무대에 올리는 게 작가의 책임이라는 것을 잊지 말게."

"나는 요즘 다른 쪽에 관심을 두고 있네."

"어느 쪽으로 말인가?

"인간 그리고 삶과 죽음의 본질."

"……."

"왜 아무 말이 없는 건가?"

"너무 갑작스러워서……. 하지만 알겠네. 윌리엄, 자네의 말을 들어보니 믿음이 가네. 차원이 다른 작품이 무엇인지 꼭 보여 주게나."

1601년의 어느 날, 셰익스피어는 초조한 마음으로 무대를 바라보고 있었어요. 몇 달 전부터 작업실에 틀어박혀 혼신을 다해 작업한 《햄릿》의 첫 공연이 시작되었기 때문이지요. 또한 단역이기는 하지만 자신도 극에 출연하기 때문에 더욱 긴장되었어요. 그의 배역은 '햄릿'의 아버지 역인 '유령'이었어요. 몇 해 전에 죽은 아들 '햄닛'을 기리며 이번 작품의 제목을 《햄릿》으로 정했기 때문에 당연히 자신이 아버지 역할을 해야 한다고 생각했어요.

드디어 셰익스피어가 무대에 올랐어요. 주인공 햄릿이 그의 뒤를 따르고 둘은 이야기하기 시작했어요.

《햄릿》의 마지막 부분에서 사람들은 아무 말도 하지 못하고 그저 무대에서 펼쳐지는 장면만 쳐다보았어요. 관객들은 셰익스피어의 새로운 연극에 집중하느라 잡담은커녕 기침 소리조차 내지 않았지요.

드디어 햄릿이 관객을 향해 자신의 죽음을 외치고 쓰러지면서 끝이 났어요. 사람들은 박수를 치며 환호했어요. 쭈그리고 앉아 연극을 본 관객이나 3층 객석에서 우아하게 연극을 본 귀족이나 할 것 없이 모두 셰익스피어의 이름을 부르며 환호성을 질렀어요. 이후 글로브 극장에서 공연되는 《햄릿》은 연일 매진이 되었어요.

"윌리엄, 《햄릿》 공연은 대성공이네!"

"모두가 열심히 연기해 준 동료들 덕분이지. 나는 첫 공연 때 사람들의 환호와 박수 소리를 생각하면 지금도 가슴이 뛴다네!"

"윌리엄, 지난번 자네에게 흥미 위주의 작품을 권유했던 내 말 기억하나? 미안하네. 그때 자네가 차원이 다른 작품을 쓰겠다고 했을 때, 솔직히 나는 큰 기대를 하지 않았거든."

"괜찮네. 다른 사람들이 무모하다고 해도 나는 연극을 통해 인간에 대한 본격적인 탐구를 하고 싶었네. 세상을 살아가면서 고뇌하고 갈등하는 인간의 솔직한 모습과 삶과 죽음의 문제를 제기하고 싶었다고나 할까?"

"삶과 죽음의 문제라! 그래, 윌리엄. 어느 누구도 피할 수 없는 문제이기에 보는 사람마다 받아들이는 정도에 큰 차이가 보이더군."

"맞아. 나는 햄릿이 숙부를 증오하고 복수하겠다는 마음보다는 오히려

LONDON TODAY NEWS

1601년 △월 △△일

진실을 이야기하는 예술가

최근 글로브 극장에서는 셰익스피어의 새로운 비극 〈햄릿〉이 매진 사례를 이어 가고 있습니다. 셰익스피어는 이번 작품을 통해 영국 최고의 극작가의 자리에 올라선 것으로 평론가들은 말하고 있습니다. 햄릿 역을 맡은 노련한 배우 '리처드 버비지'는 인상 깊은 연기와 뛰어난 대사 전달 능력으로 관객들에게 박수갈채를 받았습니다. 배우나 작품에 대한 이야기 외에도 주인공이 한 대사들도 작품의 인기에 한몫 단단히 했습니다.

> 사느냐, 죽느냐, 그것이 문제로다!
> 약한 자여, 그대 이름은 여자로다!

연극 속 대사들이 유행어처럼 번져 나가면서 당분간 햄릿 열풍은 이어질 것으로 전망하고 있습니다. 이런 열풍에 대해 동료 극작가 벤 존슨 씨는 '셰익스피어는 현재 극작가들이 작품을 창작할 때 늘 고민하는 규범인 시간, 장소, 행위의 통일이라는 아리스토텔레스의 '삼일치의 법칙'에서 과감하게 벗어나는 등 새로운 시도를 했다. 이런 시도를 통해 그는 기존 연극의 단조로운 내용 전개에서 벗어나 흥미롭고 다양한 사건 전개를 가능하게 만들었다. 그의 이러한 다양한 시도야말로 사람들에게 새로운 재미와 감동을 주는 가장 큰 비결이 된 것'이라고 평가했습니다.

인간의 복잡한 심리에 대한 깊은 통찰과 묘사를 보여 준 〈햄릿〉, 앞으로 많은 사람들에게 감동과 여운을 주며 오랫동안 기억될 문학 작품이 될 것이라고 생각합니다.

본인 스스로 고통을 느끼며 망설이는 모습에 초점을 맞췄어. 그런 햄릿의 모습이야말로 인간의 모습이라고 생각했지."

"하하, 윌리엄. 너무 어려운 이야기는 그만하자고. 아무튼 《햄릿》 때문에 자네의 작품에 대한 평가는 분명히 달라질 거야. 이건 《햄릿》을 본 모든 사람의 생각일걸!"

셰익스피어의 《햄릿》은 당시 다른 작가들의 작품들과 확연히 구분되는 뛰어난 작품이었어요. 《햄릿》은 셰익스피어 문학의 황금기를 여는 첫 작품이라고 할 수 있어요. 셰익스피어는 《햄릿》을 시작으로, 5~6년 내에 대표작이라 할 수 있는 《리어 왕》, 《맥베스》, 《오셀로》를 발표했지요.

왕의 남자들 '킹즈 멘' 극단

1603년 3월 셰익스피어가 속해 있던 로드 체임벌린즈 멘 극단을 후원하며 많은 도움을 주었던 엘리자베스 1세가 70세로 세상을 떠났어요. 엘리자베스 1세는 당시 후진국이던 영국을 최강의 나라로 만들었고 문화적으로도 영국 르네상스의 화려한 꽃을 피운 큰 업적을 남겼어요.

여왕의 뒤를 이어 왕위에 오른 사람은 여왕의 사촌이며 당시 스코틀랜드의 왕이었던 제임스 6세였어요. 제임스 1세가 된 그는 엘리자베스 1세 못지않게 연극을 좋아했어요. 제임스 1세는 셰익스피어가 속해 있는 로드 체임벌린즈 멘 극단을 왕실 극단 즉, 킹즈 멘 극단으로 임명했어요.

킹즈 멘 극단을 지원한 제임스 1세
(1566~1625년)

왕실 극단이 되었다는 것은 영국 최고의 극단으로 공인받은 것을 의미해요. 왕의 경제적 후원은 물론이고 왕 앞에서 정기적으로 공연하는 영광을 얻을 수 있었고, 왕을 상징하는 색과 옷을 사용할 수 있어요. 또한 왕의 이름을 극단의 이름으로 사용할 수 있지요.

제임스 1세는 킹즈 멘 극단을 한 달에 한 번 이상 궁중으로 불러 관람할 정도로 셰익스피어의 작품을 좋아했어요. 특히 《베니스의 상인》을 다시 공연하라고 할 정도로 좋아했지요.

"말로만 듣다가 자네의 작품을 직접 보니, 그 명성이 거짓이 아니라는 걸 알겠소!"

"감사하옵니다. 폐하! 킹즈 멘 극단이라는 영광을 주셔서 저희 배우들은 혼신의 힘을 다해 공연하고 있사옵니다."

"그렇게 말해 주니 내가 더 고맙소. 요즘 글로브에서 공연되는 작품이 있다고 들었는데 제목이 뭐요?"

"《자에는 자로》에 이어 《오셀로》를 공연하고 있사옵니다."

"《오셀로》는 지난번 궁중에서 공연해서 아직도 기억에 생생하오. 어리석은 오셀로의 질투심은 나를 슬프게 했고, 사악한 이아고의 질투심은 인간이 품은 욕심에 대해 한탄하게 했소."

"옳게 잘 보셨사옵니다. 폐하의 비평 덕분에 제가 무대에 작품을 올릴 때마다 긴장하게 되옵니다."

"하하, 그대는 글재주만 있는 게 아니라 말로도 사람의 마음을 사로잡는군. 《오셀로》를 보면서 인간의 어리석은 의심이 불러오는 비극의 모습이 떠올라 참 괴로웠소. 의심이 또 다른 의심을 불러일으킨다는 말을 실감했소."

셰익스피어의 4대 비극 《오셀로》

1604년에 셰익스피어는 이탈리아의 제랄디 친시오의 《백 개의 이야기》 중 《베니스의 무어인》을 원작으로 하는 《오셀로》를 발표했어요. 셰익스피어는 오셀로와 데스데모나의 사랑이 질투와 의심으로 파괴되는 과정을 비극적으로 잘 그려 냈지요. 그 내용을 간단히 소개하면 다음과 같아요.

베니스(베네치아) 공국의 원로인 브라반쇼의 딸 데스데모나는 무어인 장군 오셀로를 사랑하게 되자, 아버지의 엄청난 반대를 무릅쓰고 비밀 결혼을 해요.

얼마 후 투르크 함대가 사이프러스 섬을 침공하자, 오셀로는 섬을 지키러 아내와 함께 떠나요. 한편 오셀로의 신임을 받으면서도 그를 시기하던 부하 이야고는 부관 자리를 캐시오에게 빼앗기자 오셀로에게 앙심을 품고 복수를 계획하지요.

이야고는 오셀로가 선물한 데스데모나의 손수건을 훔쳐서 일부러 캐시오의 방에 떨어뜨린 후 오셀로에게 데스데모나가 캐시오와 밀회를 나누고 있다고 말하지요. 손수건을 데스데모나와 캐시오의 불륜의 증거물이라고 믿어 버린 오셀로는 질투와 의심을 이기지 못해 데스데모나를 목을 졸라 죽여요.

그러나 나중에 진실을 알게 된 오셀로는 이야고를 죽인 뒤, 슬픔과 회환으로 사랑하는 아내 데스데모나의 곁에 쓰러지게 되지요.

테오도르 샤세리오(1819~1856년)의 〈베니스의 오셀로와 데스데모나〉
《오셀로》의 오셀로와 데스데모나를 그린 작품이다.

셰익스피어는 《오셀로》에 이어 이듬해인 1605년 《리어 왕》을 발표했어요. 《리어 왕》은 역사가 홀린셰드의 《잉글랜드, 아일랜드, 스코틀랜드의 연대기》 속에 실려 있는 고대 브리튼의 '리어 왕' 편과 1594년 초반 런던에서 공연되었던 작자 미상의 《레이어 왕과 그의 세 딸들에 대한 진정한 역사극》에서 소재를 빌려 와 창작한 작품이에요.

셰익스피어는 흙 속의 진주를 발견하는 재주와 그 진주를 가치 있는 보석으로 다듬어 대중들에게 보이는 멋진 재주를 가진 사람이었어요. 관객들에게 그리 큰 인기를 끌지 못했던 작품이라도 셰익스피어의 손에 들어가면 관객들이 환호하는 작품으로 탈바꿈하곤 했어요.

셰익스피어에게 새로운 가치의 창출이란 이 세상에 존재하지 않는 것, 즉 새로운 무엇인가를 만들어 내는 것이 아니었어요. 자신의 상상력을 바탕으로 이미 존재하고 있는 대상에 새로운 시각으로 해석하고 의미를 부여하는 일도 새로운 가치의 창출이라 여겼어요. 셰익스피어는 그런 뛰어난 능력을 가지고 있었어요.

《리어 왕》도 그런 작품 중 하나로 10년 전 무대 위에 올려졌을 때와는 다르게 비극적인 요소를 더욱 가미해서 관객들의 시선을 끌었어요. 표현할 수 있는 인간의 모든 감정을 작품에 담았다는 평처럼 셰익스피어는 《리어 왕》 속에 지금까지 발표했던 작품 속에 담았던 모든 감정을 하나로 모았어요. 그 결과 《리어 왕》은 그의 작품 중 가장 비극적인 작품이 되었어요.

"역시 글로브 극장에서 셰익스피어의 작품을 봐야 제 맛이라니까!"

"킹즈 멘 극단답게 배우들의 연기는 어떤가? 역시 런던에서 최고라는 소리를 들을 만하지 않나?"

"나는 연극을 보는 동안 내내 답답해 죽는 줄 알았어. 세 딸 중 누가 자신을 가장 사랑하는지 그걸 모르는 게 말이 되냐고?"

"이 사람아! 왕도 사람인데 사람의 마음을 어떻게 다 알겠어?"

"나는 우리보다 높고 잘난 사람들은 실수도 안 하고 모르는 것도 없는 줄 알았네. 그런데 이제 보니 우리와 다른 게 하나도 없군!"

셰익스피어의 4대 비극 《리어 왕》

1605년에 발표한 《리어 왕》은 인간의 독선과 고집 그리고 어리석음이 불러오는 파탄을 매우 사실적으로 그리고 있어 셰익스피어 작품 중에서 가장 비극적인 작품으로 평가받아요. 간단한 줄거리를 소개하면 다음과 같아요.

제임스 배리(1741~1806년)가 그린 〈코르델리아의 죽음에 울부짖는 리어 왕〉(1774년) 《리어 왕》(1788년경)에서 영감을 받은 작품이다.

브리튼의 늙은 왕 리어에게는 거너릴과 리건, 그리고 코델리아라는 세 딸이 있었어요.

리어 왕은 딸들에게 국토를 나누어 주려고 자신을 얼마나 사랑하는지 말해 보라고 해요. 거너릴과 리건은 아버지에게 달콤한 아부의 말과 과장으로 사랑한다고 대답하지만, 막내 코델리아는 아무것도 말씀드릴 것이 없다고 하지요.

막내딸의 실망스러운 대답을 들은 리어 왕은 인연을 끊겠다고 선언해요. 그 후 왕은 두 딸의 집에 교대로 머물기로 했으나 양쪽 모두에게 심한 핍박을 받고 궁중의 광대와 함께 쫓겨나요. 리어 왕은 충신인 켄트 백작을 만나 두 딸을 저주해요. 이를 통해 관객들은 결국 '왕'도 하나의 인간에 지나지 않으며 벌거벗은 동물이라는 것을 알게 되지요.

프랑스에서 왕비가 된 코델리아는 아버지의 소식을 듣고 아버지를 구하기 위해 군대를 이끌고 영국으로 가요. 그러나 그녀는 아버지와 함께 포로가 되고 말아요. 결국 코델리아는 세상을 떠나고 리어 왕은 딸의 주검을 보고 슬퍼하며 죽고 말아요. 그 후 거너릴과 리건은 헛된 욕심을 부리다가 신세를 망치게 되고, 거너릴의 남편이었던 올바니 공작이 왕위에 오르며 끝이 나요.

"당연하지. 그러니까 저렇게 눈에 빤히 보이는 거짓말에도 쉽게 속아 넘어가는 게 아니겠나?"

"역시 셰익스피어의 연극에는 우리가 사는 세상이 고스란히 담겨 있어서 아주 실감난단 말이야!"

셰익스피어는 《리어 왕》에서 이 세상에 존재하는 모든 사람들을 실수도 하고 절망도 하는 존재로 그렸어요. 그가 무대 위에서 표현하고 싶었던 것은 인간의 있는 그대로의 모습이었기 때문이지요. 무대 위에서 배우들이 보이는 갈등과 해결 과정을 관객들이 쉽게 공감할 수 있었던 것도 그 이야기의 주인공이 바로 관객들 자기 자신이었기 때문이에요. 리어 왕의 고집과 독선 그리고 그 어리석음을 나 자신도 가지고 있을 수 있었지요.

《리어 왕》의 인기는 상당히 오랫동안 이어졌어요. 해를 넘긴 1606년 12월의 어느 날 킹즈 멘 극단은 제임스 1세를 위해 궁중에서 공연을 했어요. 자신의 어리석음으로 인해 왕국은 물론 사랑하는 딸까지 잃고 마는 리어 왕의 모습을 보고 제임스 왕은 많은 생각을 했어요. 권력을 가진 사람이 자신의 어리석음으로 인해 모든 것을 잃어버리는 모습을 바라보며 자신을 돌아보게 됐지요.

《리어 왕》이 한창 글로브 극장에서 공연되고 있을 때 셰익스피어는 무대를 바라보며 새로운 작품을 구상하고 있었어요.

'인간의 어리석음은 자신이 가장 소중하게 여기는 것조차 지키지 못하고 다 잃어버리게 하지. 리어 왕처럼 말이야. 그렇다면 반대의 상황이라면

어떨까? 그렇게 원하던 권력을 얻었을 때 우리 인간은 행복할 수 있을까?'

셰익스피어는 무대에서 펼쳐지는 다양한 장면을 보며 자신이 구상하는 장면을 떠올렸어요. 셰익스피어는 다음 작품에 대한 생각이 어느 정도 마무리되면 바로 작품에 매달렸어요. 이렇게 오랫동안 고민에 고민을 거듭한 끝에 탄생한 작품이 바로 《맥베스》예요.

1606년 셰익스피어는 《맥베스》를 제임스 1세의 처남인 덴마크의 크리스천 4세가 영국을 방문했을 때 궁중에서 처음 발표했어요. 이웃 나라의 국

왕이 방문한 자리에서 작품을 발표한다는 것 자체가 킹즈 멘 극단의 큰 영광이었고 또 극단이 차지하는 높은 위상을 알 수 있는 일이기도 했어요. 《맥베스》는 첫 공연인데다 작품의 내용 또한 베일에 가려져 있어 많은 사람들의 호기심을 자극했는데, 이런 면이 바로 셰익스피어의 자신감의 표현이기도 했어요. 셰익스피어는 사람들이 자신의 작품에 어떤 반응을 보일지 이미 예상하고 있었기에 과감하게 무대에 올렸던 거예요.

"윌리엄! 왕이 보고 계신데, 맥베스가 왕을 죽이는 장면을 보이다니 좀 심한 게 아닌가?"

"별 걱정을 다하는군. 맥베스가 왕이 되지만 그 또한 비극적인 최후를 맞이한다네. 자신의 양심을 속이고 야망을 이루는 대가를 치르게 될 거야. 불면의 밤을 새우면서 양심의 가책을 받고 그러다가 불행한 결과를 맞이하지."

"하지만 스코틀랜드 왕의 조상인 뱅코우 장군의 죽음이 너무 처절한 것 같아. 저러다가 왕이 화를 내고 자리에서 일어나면 어떻게 하려고?"

"왕의 조상을 더 극적으로 그려 낸다면 맥베스보다 뱅코우 장군이 더 주목받지 않겠나? 아마 왕께서도 만족하실 거야."

셰익스피어는 《맥베스》를 통해 권력에 대한 인간의 끝없는 야망과 비극적 결말을 말하려고 했어요. 맥베스와 그의 부인이 공모해서 부정한 방법으로 왕위를 빼앗는 행위는 절대 용서 받을 수 없는 죄이며 신성한 왕위는 아무나 넘볼 수 없는 자리라는 통치자의 생각을 대변해 주었지요. 연극의 속뜻을 알게 된 제임스 1세는 흡족한 표정을 지었지요.

《맥베스》는 궁중 공연 이후 일반 극장에서도 많은 사람들의 관심을 받았어요. 극 전체의 길이는 《햄릿》의 절반이었지만 마법, 예언, 마녀 등 비현실적인 요소와 살인과 배신 등 사람들의 호기심을 자극하는 온갖 요소를 다 갖추었기에 이전에 발표한 작품과 마찬가지로 성공을 거뒀어요.

셰익스피어는 1601년 《햄릿》을 시작으로 1606년 《맥베스》까지 후대에 '셰익스피어 4대 비극'이라고 불리는 작품을 꾸준히 발표했어요. 이 시기의 작품들은 주로 암울하고 비극적이었어요. 셰익스피어는 언어의 연금술사처럼 많은 관객들에게 큰 감동과 눈물을 선사했어요. 관객들이 받은 감동의 깊이는 발표 당시는 물론 현재까지도 이어지고 있어요. 셰익스피어의 작품은 영화, 오페라, 뮤지컬, 미술, 발레 등 다양한 형태로 만들어져 새로운 느낌과 의미를 주고 있어요.

대표적인 예로 애니메이션 《라이온 킹》이 있어요. 《라이온 킹》은 《햄릿》과 줄거리와 등장인물이 비슷해요. 주인공이 불행을 견뎌 내며 꿈을 이루는 결말 부분이 조금 다르기는 하지만, 영화를 만든 사람들은 햄릿에서 작품의 영감을 받았다고 공개적으로 이야기했거든요. 등장인물이 동물인 것만 제외하면, 《라이온 킹》은 원작 《햄릿》의 '아프리카 초원판'이라고 봐도 될 거예요.

셰익스피어의 작품이 이렇게 시간을 초월해서 많은 이들의 관심을 끄는 이유는 무엇일까요? 그것은 바로 셰익스피어의 작품에서 다루는 이야기가

셰익스피어의 4대 비극 《맥베스》

1606년 셰익스피어는 홀린셰드의 《잉글랜드, 아일랜드, 스코틀랜드의 연대기》 속에 나오는 '맥베스 전기'에서 이야기를 빌려 와 《맥베스》를 썼어요. 다른 작품과는 달리 《맥베스》에는 마법, 예언, 유령 등 초자연적인 내용이 많이 들어 있어요. 셰익스피어는 이 작품을 통해 자신의 야망을 이루었지만 대가를 치를 때 겪는 고통과 불안을 잘 표현했어요. 줄거리를 간단히 소개하면 다음과 같아요.

♣ ♣ ♣

스코틀랜드의 장군인 맥베스는 역모를 물리치고 돌아오는 도중에 세 명의 마녀를 만나 왕이 될 거라는 예언을 들어요. 그 예언을 믿은 맥베스는 아내와 함께 스코틀랜드의 국왕 던컨을 살해하고 도망친 던컨의 아들 말콤과 도널베인에게 죄를 뒤집어씌우고 왕위에 올라요.

맥베스는 망령에 시달리고 귀족들에게도 의심을 받게 되자, 예언을 해 줬던 세 마녀를 찾아가 다시 예언해 달라고 해요. 세 마녀는 맥베스에게 여자에게서 태어난 자는 당신을 쓰러뜨리지 못할 것이라고 말해요. 하지만 맥베스는 전장에 나가 '찢어진 어머니의 배 속에서 꺼내진 자'라는 맥더프의 손에 죽게 되고 다른 사람이 왕위에 올라요.

테오도르 샤세리오의 〈맥베스와 세 마녀들〉(1855년)
《맥베스》의 한 장면을 그린 작품이다.

누구나 경험할 수 있는 보편적인 내용을 담고 있기 때문이에요.

보편성이란 모든 것에 두루 통하거나 적용되는 성질을 말해요. 흔히 셰익스피어의 작품을 '청바지가 가장 잘 어울리는 작품'이라고 이야기되곤 해요. 중세의 인물들에게 청바지와 티셔츠를 입혀 놓고도 그리 어색하지 않다는 것은 그의 작품 대부분이 시대를 초월하는 보편성을 가지고 있기 때문이지요. 무대 위에서 펼쳐지는 인물들의 갈등과 사건을 보고 있으면 현재의 우리가 살아가는 모습과 그리 다르지 않음을 알 수 있어요. 그게 바로 셰익스피어 작품의 보편적 특징이에요.

이런 보편성은 셰익스피어가 자신의 경험과 지식 그리고 세상을 바라보는 예리한 관찰력을 잘 융합해서 새로운 인물과 세계를 창조할 수 있었기 때문에 가능했던 거지요.

- 블랙 프라이어즈 극장의 탄생
- 비극에서 희비극으로
- 30년 만에 찾은 고향
- 지금도 살아 숨 쉬는 셰익스피어의 작품들

경험과 관찰을 결합시킨 창의력

세상의 모습을 그려 낸 위대한 작가 6

셰익스피어는 새로운 인물형을 창조하고 자신만의 세계를 무대에 펼친 위대한 작가예요. 셰익스피어에게 무대는 인간의 본모습과 그들이 사는 인생에 대해 고민하고 탐구하는 장소였어요. 덕분에 우리는 그의 작품을 통해 다양한 삶의 모습을 만날 수 있어요. 그가 남긴 39편의 작품은 그가 살았던 시대의 참모습이자 우리가 만나고 있는 세상의 모습이기도 해요.

블랙 프라이어즈 극장의 탄생

글로브 극장 앞에 많은 사람들이 웅성거리고 있었어요. 셰익스피어의 새로운 작품 《안토니와 클레오파트라》의 공연이 시작되는 날이기 때문이지요. 그런데 아침부터 내린 장맛비로 무대와 관람석이 엉망이 되었어요. 이때 극단 직원이 나와 사람들에게 돌아가라고 말했어요.

"오늘 공연은 장맛비로 취소되었습니다. 비가 그치는 대로 다시 공연을 준비하겠습니다."

당시 공연장은 지붕이 없어서 비가 많이 오거나 날이 추울 때는 공연이 불가능했어요. 또한 무대 효과 장치가 없어서 공연에 많은 제한이 있었어요. 비바람이 몰아치는 장면이면 배우가 관객에게 대사로 폭풍우가 몰아친다고 전달하고 관객들은 상상으로 그 장면을 머릿속에 그리며 연극을 보았지요. 또 어두운 밤을 배경으로 하는 장면이면 배우들의 움직임이 보여도 안 보이는 것처럼 생각하면서 봐야 했어요. 당시 연극은 작가의 멋진 대본과 배우의 실감나는 연기 외에도 관객들의 무한한 상상력이 있어야 했답니다.

  1608년 8월 킹즈 맨 극단은 '블랙 프라이어즈'라는 새로운 실내 극장 사용 계약을 체결했어요. 이 극장은 건물에 지붕이 있어 날씨나 계절과 같은 외부 조건에 영향을 받지 않았어요. 킹즈 맨 극단은 여름에는 글로브 극장에서, 겨울에는 블랙 프라이어즈 극장에서 공연하는 사계절 공연 체계를 갖추게 된 거예요.

  이런 변화는 셰익스피어의 작품에도 큰 영향을 주었어요. 글로브 극장보다 훨씬 비싼 입장료를 받다 보니 관객들의 수준에도 변화가 생겼어요.

　1페니를 내고 들어와 무대 바로 앞에서 고함을 지르고 왁자지껄 떠들며 보는 서민층 관객보다 돈 많고 교양과 학식을 갖춘 관객들이 늘었어요. 셰익스피어는 관객의 수준을 감안해 작품에 높은 수준의 상징과 비유를 넣었어요. 게다가 실내 극장에 구비된 여러 조명 시설까지 활용하면서 이전과는 다른 새롭고 창의적인 장면을 만들어 낼 수 있었어요.

비극에서 희비극으로

셰익스피어가 《햄릿》을 발표한 1601년부터 1608년 사이의 시기를 비극의 시기라 불러요.

물론 희극으로 분류되는 몇 작품을 선보이기도 했어요. 그러나 《끝이 좋으면 다 좋아》, 《자에는 자로》, 《트로일러스와 크로시다》는 일반적으로 알려진 희극의 분위기와는 달랐어요. 이 작품들은 희극이긴 하지만 현실에 대한 냉소적인 태도가 포함되어 있어서 어두운 희극(dark comedies)으로 구분해요. 작가가 자신의 작품을 창작할 때 주된 관심을 어디에 두느냐에 따라 작품의 내용이 결정되기 때문에 셰익스피어에게 비극의 시기는 희극조차 비극의 분위기를 닮아 갔던 거예요.

셰익스피어는 극장 환경에 맞추어 새로운 분위기의 작품을 선보였어요. 비극의 시대와 어두운 희극의 시대를 절묘하게 융합한 희비극이었어요. 희비극은 말 그대로 비극과 희극이 합쳐진 형태의 연극으로 처음에는 비극적인 사건으로 극이 진행되다가 갑자기 반전이 일어나 행복한 결말로 마무리되는 극을 말해요.

이때 발표한 작품이 셰익스피어의 4대 로맨스 극으로 불리는 《페리클레스》, 《심벌린》, 《겨울 이야기》, 《폭풍우》예요. 이 작품들의 공통점은 등장인물에게 닥친 어려움과 비극적 상황이 결국은 해결되고 화해와 용서로 막을 내리는 것이에요.

중년의 셰익스피어는 우리가 살아가는 데 슬픔보다는 기쁨이, 갈등보다는 화해와 용서가 더 필요하다는 것을 암시하듯 새로 쓰는 작품에서 모든 사람들이 행복하게 되는 결말을 강조했어요. 블랙 프라이어즈 극장을 찾는 고급 관객들의 감성적인 취향과 요구 사항에 맞춘 결과이기도 해요.

이처럼 셰익스피어는 시기별로 형식과 내용 면에서 다양한 작품을 발표했어요. 그만큼 셰익스피어가 작품에 대한 연구를 많이 했다는 것을 알 수 있어요. 그는 끊임없이 그리스와 로마의 고전에서 이야기의 소재를 빌려와서 당시 상황에 맞게 각색했어요. 영국과 스코틀랜드는 물론이고 이탈리아 등 여러 나라의 이야기들을 수집해서 작품의 소재로 활용했지요. 셰익스피어는 무한한 상상력으로 새로운 가치를 창출하는 능력을 한껏 발휘했어요.

대표적인 예로 1611년에 당시 인기가 많았던 로버트 그린의 작품《판도스토》의 줄거리에 그리스 신화의 내용을 섞어 새로운 작품을 발표했어요. 그는 로버트 그린의 색깔 위에 자신만의 고유한 색깔을 덧붙여서《겨울 이야기》라는 전혀 다른 작품을 만들어 냈어요.

물론 여기에는 아직도 자신들만이 최고라고 자부하는 작가들 즉, 대학 재사 그룹에게 셰익스피어라는 존재감을 더 드러내려는 의도도 있었을 거예요. 아마 그들은《겨울 이야기》를 보며 무시하고 싶지만 무시할 수 없는 셰익스피어라는 커다란 산을 만나는 기분이었을 거예요.

희곡이란?

희곡이란 무대 위에서 공연을 할 때 사용하는 대사 중심의 연극 대본을 말해요. 희곡은 소설처럼 허구의 사건을 다루지만 등장인물의 행동이나 대화를 기본 수단으로 표현한다는 점에서 차이가 있어요. 희곡은 무대 위에서 직접적으로 인생을 표현하는 문학이기 때문에 소설과는 달리 모든 이야기를 현재적 관점에서 이야기해요.

희곡은 비극, 희극, 희비극으로 구분하는데, 비극(tragedy)은 인물의 성격이나 운명, 그리고 불가피한 상황으로 삶에서 패배하는 인간의 모습을 다루어요. 처음부터 진지하게 긴장이 고조되다가 결국에는 주인공이 좌절하고 파멸하는 내용으로 이어지지요. 관객은 주인공의 모습에 연민이나 공포의 감정을 느끼게 되는데, 아리스토텔레스는 이런 상태를 감정의 정화, 즉 카타르시스라고 했어요.

희극(comedy)은 웃음을 주는 연극이라고 할 수 있어요. 주인공은 자신이 처한 상황을 극복하여 성공해요. 인간과 사회의 어두운 면을 비판하면서도 행복한 결말을 맞이하지요. 관객들은 웃음을 통해 주인공의 행복을 공감해요.

마지막으로 희비극(tragic-comedy)은 희극과 비극이 혼합된 형태로 사건이 비극적으로 전개되다가 반전에 의해 행복한 결말에 이르러요. 역경을 딛고 승리하고 싶은 마음을 반영한 연극의 형태로 볼 수 있어요.

30년 만에 찾은 고향

"셰익스피어 아저씨! 저는 오늘 본 《겨울 이야기》가 제일 재미있었어요."

"그래? 그거 정말 다행이구나. 재미없다고 하면 어쩌나 하고 걱정했는데 말이다."

"어쩐지 아까 무대 뒤에서 초조하게 왔다 갔다 하시더니 정말 걱정하셨나 봐요!"

"얘들아! 오늘 본 연극에서 어떤 장면이 제일 기억에 남더냐?"

"아! 생각났다. 갓난아기를 갖다 버리는데 갑자기 곰이 나타나서, 저는 기절하는 줄 알았어요. 아기를 잡아먹으면 어떡하나 걱정했어요."

"하하하! 그래?"

"마지막에 죽은 줄 알았던 헤르미오네가 살아나는 장면이요!"

"저는요, 양털 깎기 축제에서 사람들이 춤을 추는 장면이 제일 좋았어요. 신나서 저도 춤추고 싶었다고요!"

《겨울 이야기》 공연이 끝나고 셰익스피어는 아이들과 즐거운 시간을 보내고 있었어요. 그는 아이들과 연극 이야기를 하면서 고향에 살고 있는 세 살 된 손녀 딸 엘리자베스의 재롱을 떠올렸어요. 셰익스피어는 몇 년 전부터 복잡하고 정신없는 런던을 떠나 고향에서 손녀딸의 재롱을 보며 말년을 보내고 싶다는 생각을 했어요.

셰익스피어는 발표하는 작품마다 성공하는 극작가이자 글로브와 블랙프라이어즈 극장의 대주주로 경제적으로 안정적인 지위를 누리고 있었어요. 그러나 언젠가는 고향에 돌아갈 것을 대비해 마을에서 두 번째로 큰 집인 '뉴 플레이스'를 구입했어요. 어느 날 셰익스피어는 리처드 버비지에게 고향과 손녀들에 대한 이야기를 하면서 자신의 뜻을 강하게 이야기했어요. 하지만 리처드 버비지의 생각은 좀 달랐어요.

"런던에는 자네의 작품을 보고 싶어 하는 사람이 많은데, 왜 스트랫퍼드로 가려고 하나?"

"고향에서 손자들 재롱을 보며 마음 편하게 살고 싶은 생각이 자주 드는 걸 어쩌겠나?"

"마음은 알겠네만 아직은 아닐세. 준비하던 것은 마무리를 지어야지?"

"걱정하지 말게. 지금 이 작품은 무슨 일이 있어도 끝낼 테니."

셰익스피어는 버비지와의 대화를 마치고 서둘러 집으로 향했어요. 어쩌면 그의 마지막이 될 수도 있는 작품을 끝내야 하기 때문이었어요.

셰익스피어는 자신의 마지막 작품 《폭풍우》를 무대에 올렸어요. 《폭풍우》는 발표 2년 전인 1609년, 영국을 떠난 버지니아 회사의 배들이 버뮤다 삼각지 근해에서 폭풍우를 만나 *좌초된 이야기와 프랑스 철학자 몽테뉴의 《식인종에 관하여》라는 글을 읽고 구상한 작품이에요. 초자연적인 사건과 마법이 어우러진 신비한 이야기, 춤과 음악 등 화려하고 다양한 볼거리가 많아 관객들로부터 큰 박수를 받았어요. 셰익스피어는 작품의 마지막 부분에서 주인공 프로스페로가 하는 대사에 자신의 심정을 담았어요.

이제 내 마법은 모두 끝났습니다.
그리고 남은 힘은 제 자신의 그것뿐인데 미약하기 짝이 없습니다.
그렇지요, 이제 저는 여기 관객 분들한테 묶여 있거나
아니면 나폴리로 보내져야겠지요.
저는 왕국을 찾았고, 사기꾼들을 용서했으니

***좌초** 물 속에 잠겨 보이지 않는 바위에 배가 부딪혀 얹힘.

여러분의 마법으로 이곳 맨(Man) 섬의 맨 무대에

살게 하지 마십시오.

놓아 주십시오, 제 족쇄로부터 여러분의 마음씨 착한 박수로.

부드러운 여러분의 호평이 제 돛을 채워야겠지요.

-《폭풍우》 5막 에필로그 중에서

셰익스피어는 주인공의 대사를 통해 은퇴하는 작가의 마지막 모습을 표현했어요. 용서하는 행동의 고귀함과 자신이 지금까지 부려 온 마법의 부질없음을 이야기하며 마법을 내려놓겠다는 독백은 작가로서의 삶을 그만 두겠다는 셰익스피어의 고백으로 들렸어요.

셰익스피어는 《폭풍우》를 끝으로 스트랫퍼드의 뉴 플레이스 자택으로 내려갔어요. 거의 30년 만의 귀향이에요. 열여덟 살 되던 해 무작정 런던으로 간 청년 셰익스피어가 마흔일곱이 되어 고향집을 찾은 거예요.

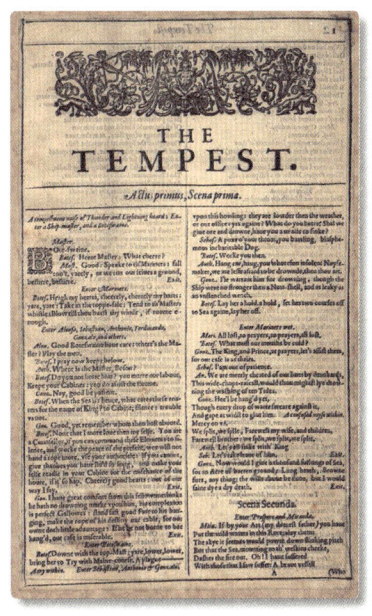

《폭풍우》의 초판 첫 페이지(1623년)

고향 집에는 부인 앤과 이십대 중반이 된 딸들이 있었어요.

그는 고향집에서 한가롭게 여유를 즐기며 살았어요. 가까운 곳에 사는 큰딸 수잔나의 집을 방문해 손녀 엘리자베스의 재롱에 기뻐하기도 했고 토요일이면 주막에 나가 맥주를 마시며 사람들과 어울리며 지냈어요.

물론 런던에 일이 있으면 가끔 올라가기도 했어요. 셰익스피어는 고향에 내려온 지 얼마 지나지 않은 1611년 11월 1일에 제임스 1세를 위한 《폭풍우》의 공연에 참가하기 위해 런던에 갔어요. 공연이 끝난 후 제임스 1세는 셰익스피어의 은퇴를 안타깝게 생각하며 말했어요.

"셰익스피어 경이 런던을 등지고 고향으로 내려갔다는 이야기를 들었소. 무슨 일이라도 있었던 게요?"

"아닙니다. 다만 저의 글쓰기 재주가 다해 더 이상 보여 줄 것이 없다는 생각이 들었습니다. 또 너무나 오랫동안 떨어져 지낸 가족들이 보고 싶기도 했고요."

"그래도 이렇게 갑자기 떠나다니 참 서운하오. 나중에 내가 부탁하면 멋진 작품을 들고 찾아와 주시기 바라오."

"알겠습니다. 필요하시면 꼭 불러 주십시오."

셰익스피어는 자신이 있어야 할 곳은 가족 곁이라는 것을 깨달았어요. 공동 작업자였던 존 플래처와 마지막으로 《고독한 가문의 두 남자》를 끝으로 완전히 작품 활동에서 손을 뗐어요.

셰익스피어가 떠난 자리에는 새로운 작가들이 자리를 메웠어요. 셰익스피어의 동료이자 라이벌이기도 했던 벤 존슨은 글로브 극장을 지키며 많은 관객들의 박수를 받았어요.

1616년 2월 스트랫퍼드의 홀리 트리니트 교회에 셰익스피어를 비롯해서 가족들이 모두 모였어요. 셰익스피어의 둘째 딸 주디스의 결혼식이 있기 때문이에요.

  환한 웃음을 짓고 있는 셰익스피어의 옆에는 런던에서 온 오랜 친구인 벤 존슨과 마이클 드레이튼이 있었어요. 많은 사람들의 축복 속에 결혼하는 주디스의 모습을 바라보며 셰익스피어는 죽은 아들 햄닛을 떠올렸어요. 주디스와 햄닛은 쌍둥이였어요. 셰익스피어는 아쉽고 허전한 마음이 들었지만 멀리서 찾아 준 친구들에게 말을 걸며 웃음 지었어요.

  "멀리서 이렇게 친구들이 찾아와 주니 참 고맙군."

  "윌리엄! 런던을 떠나더니 신수가 훤해졌군 그래. 나도 자네를 따라 이곳으로 와야겠는걸."

  "나야 좋지! 어서 내려오게. 우리 집에서 가장 좋은 방을 자네의 침실로 꾸며 주겠네!"

  딸의 결혼식이 있고 두 달 뒤 1616년 4월 23일에 윌리엄 셰익스피어는 쉰둘의 나이로 세상을 떠났어요. 셰익스피어는 어느 정도 자신의 죽음을 예상했는지 죽기 전인 3월 25일에 유언장을 꺼내 고쳐 썼어요. 그는 자신이 소유했던 모든 것들을 가족 및 친지들에게 나누어 주고, 스트랫퍼드에 살고 있는 가난한 이웃에게도 적지 않은 돈을 남겼어요.

  셰익스피어는 유언장에 자신의 작품에 대한 언급은 전혀 하지 않았어요.

당시에는 요즘처럼 *저작권이라는 개념이 없기도 했지만 셰익스피어는 자신의 작품이 수백 년의 세월이 흐른 뒤에도 많은 사람들에게 감동을 줄 것이라는 생각을 미처 하지 못했던 것 같아요.

지금도 살아 숨 쉬는 셰익스피어의 작품들

셰익스피어가 세상을 떠나고 7년이 지난 1623년에 킹즈 멘 극단의 동료였던 존 헤밍스와 헨리 콘델은 여기 저기 흩어져 있던 셰익스피어의 희곡을 모아 내용을 살피고 수정해 책으로 출간했어요. 책의 제목은 《윌리엄 셰익스피어 씨의 희극, 사극, 비극》이었어요. 만약 존 헤밍스와 헨리 콘델의 작업이 없었다면 《로미오와 줄리엣》, 《햄릿》, 《리어 왕》, 《맥베드》는 제목만 전해지는 작품으로 남았을 거예요. 이들의 노고가 없었다면 오늘날 셰익스피어의 명성은 아마 불가능했겠지요.

셰익스피어는 자신이 살았던 시대뿐 아니

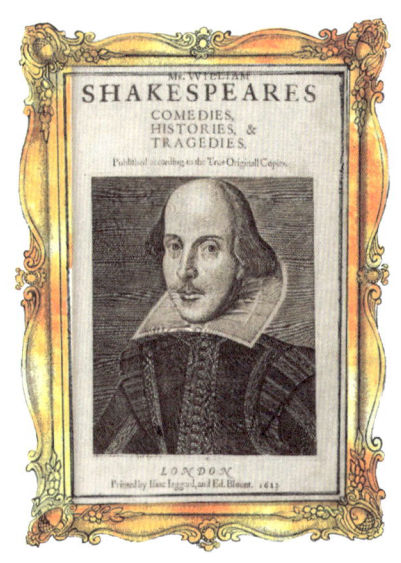

1623년에 출간된 《윌리엄 셰익스피어 씨의 희극, 사극, 비극》의 표지

***저작권** 문학, 예술, 학술에 속하는 창작물에 대한 저작자의 권리.

라 오늘날의 우리에게도 큰 의미를 준 인물이에요. 우리나라를 비롯해 전 세계 대부분의 문학책 목록에 그의 작품이 실려 있어요. 그의 작품은 오늘날 연극 무대와 문학 책 밖으로 나와 음악, 그림, 영화, 뮤지컬, 발레 등 다양한 방면에서 큰 영향을 주며 전 세계인의 사랑을 받고 있어요. 그의 작품에 나오는 명대사 명장면은 많은 예술가들의 상상력과 창의력에 자극을 주었어요. 화가에게는 명작의 탄생에 밑바탕이 되었으며 작곡가에게는 아름다운 선율로 태어나 우리의 마음을 아름답게 감싸 주고 있어요. 예를 들면 멘델스존은 《한여름 밤의 꿈》에서 영감을 받아 아름다운 음악을 작곡했는데 그것이 바로 〈결혼행진곡〉이에요. 전 세계인의 결혼식을 알리는 배경 음악이 셰익스피어와 관련 있을 줄은 잘 몰랐을 거예요.

  그가 이 세상에 존재했던 52년의 세월은 숫자 그 이상의 의미를 가지고 있어요. '셰익스피어는 이 세상 그 어느 것과도 바꿀 수 없다'고 말하는 영국인의 자부심처럼 그의 작품들은 시간과 공간을 초월해 세계인의 가슴에 큰 감동과 떨림을 선사했어요.

  그가 잠든 스트랫퍼드의 '성 트리니티 교회'에는 지금도 많은 참배객이 방문하고 있어요. 단순히 유명한 작품의 작가라서가 아니라 셰익스피어의 작품이 준 감동의 순간을 영원히 간직하고 싶은 마음 때문일 거예요. 셰익스피어의 동료였던 벤 존슨은 책의 서문에 '사랑하는 작가 윌리엄 셰익스피어와 그가 우리에게 남겨 준 것을 기억하며'라는 시를 다음과 같이 남겼답니다.

시대의 영혼이여
갈채이며, 환희이며, 우리 무대의 기적이여!
나의 셰익스피어, 일어나시오!
그는 한 시대의 인간이 아니라 모든 시대의 인간이었소!

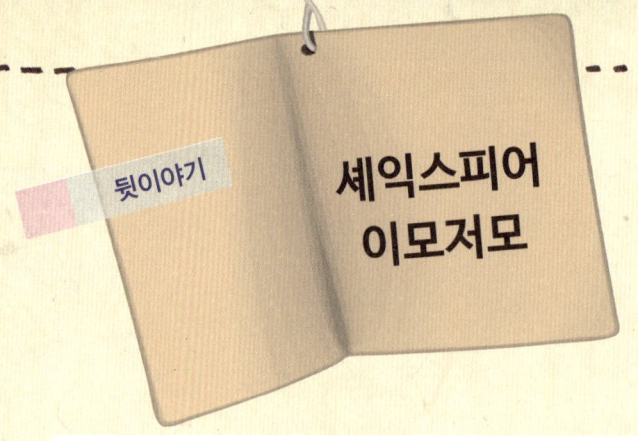

뒷이야기

셰익스피어 이모저모

'세계 책과 저작권의 날' 그리고 셰익스피어

매년 4월 23일은 국제연합 전문기구인 국제연합 교육과학문화기구(UNESCO)가 제정한 '세계 책과 저작권의 날'이에요. 원래 4월 23일은 책을 구입하는 사람에게 꽃을 선물하는 스페인 카탈루냐 지방 축일인 '세인트 조지의 날'에서 유래된 날짜예요. 그런데 세계적인 작가 《돈키호테》의 미겔 데 세르반테스와 윌리엄 셰익스피어의 사망일이 신기하게도 4월 23일로 같아요. 그래서 유네스코는 1995년 이후 이 날을 세계 책과 저작권의 날로 정해 기념해 오고 있어요.

햄릿형 인물 vs. 돈키호테형 인물

러시아의 소설가 이반 투르게네프가 어떤 모임에서 인간의 유형을 '햄릿형 인물과 돈키호테형 인물'로 분류해 이야기했어요. 햄릿은 아버지의 죽음으로 숙부에 대한 복수를 다짐하지만 실천에 옮기지 못하고 망설이며 고민하지요. 일반적으로 햄릿형 인물은 지나치게 신중하거나 우유부단한 사람을 가리켜요. 그에 반해 돈키호테는 기사 소설을 즐겨 읽다가 자기가 기사라는 환상에 빠져 길을 떠나 사고를 쳐요. 이렇게 돈키호테형 인물은 깊이 생각하지 않고 즉흥적으로 행동하는 사람들을 말해요. 그러다 보니 햄릿형 인간은 시행착오를 줄일 수 있지만 너무 생각이 많은 탓에 쉽게 실행에 옮기지 못하고, 돈키호테형 인물은 밀어붙이는 추진력은 있지만 즉흥적인 감정이나 결정으로 실수를 반복하곤 해요. 과연 여러분은 이중에서 어떤 인물형인가요?

셰익스피어가 남긴 명언들

셰익스피어가 남긴 37편의 희곡과 157편의 소네트 안에는 너무나도 유명한 구절들과 명언들이 들어 있어요. 셰익스피어가 언어의 마술사인 것은 분명해요. 사람의 마음을 움직이는 셰익스피어의 명언들을 감상해 볼까요?

사느냐, 죽느냐, 그것이 문제로다! To be or not to be, that is a problem!

약한 자여, 그대 이름은 여자로다! Frailty, thy name is woman!

— 《햄릿》 중에서

피는 피를 부른다. Blood will have blood.

— 《맥베스》 중에서

무에서 생기는 건 무뿐이다. Nothing will come of nothing.

내가 누구인지 말할 수 있는 자는 누구인가? Who is it that can tell me who I am?

(부모의) 은혜를 모르는 자식을 두는 것은 독사의 이빨에 물리는 것보다 더 아프다.
How sharper than a serpent's tooth it is to have a thankless child!

이게 최악이다라고 말할 수 있는 동안은 결코 최악이 아닌 것이다.
The worst is not so long as we can say, "This is the worst."

— 《리어 왕》 중에서

공기처럼 가벼운 하찮은 것도 질투에 눈먼 자에게는 성서만한 증거가 될 수 있다.
Trifles light as air are to the jealous, confirmations strong as proofs of holy writ.

— 《오셀로》 중에서

사람들이 말하는 셰익스피어

로버트 그린

나로 말할 것 같으면, 영국 최고의 학벌을 자랑하는 대학재사 중 한 명이지요. 셰익스피어가 나타나기 전까지는 나처럼 옥스퍼드나 케임브리지 출신의 극작가들이 주름잡았는데, 어느 날 갑자기 라틴 어나 그리스 어도 모르는 촌놈이 극장가를 뒤흔들어서 심기가 불편했지요. 그래서 셰익스피어를 향해 '우리 대학재사들의 깃털로 장식한 채 벼락출세한 까마귀'라고 악담을 퍼붓기도 했어요. 부끄럽지만, 셰익스피어를 향한 질투심에서 나온 말이었어요.

새뮤얼 존슨

시인이자 평론가인 내가 본 셰익스피어의 희곡은 비극도 희극도 아닌, 독특한 종류의 작품이에요. 그것은 이 세상의 성격을 있는 그대로 반영해서, 다양한 선과 악, 기쁨과 슬픔을 보여줘요. 어느 하나를 잃으면 어느 하나를 얻게 되는 세상의 이치를 표현하죠. 그래서 셰익스피어의 작품은 삶을 있는 그대로 비추는 거울이라 할 수 있어요.

토마스 칼라일

셰익스피어는 인도 제국과도 바꾸지 않겠다.

나는 영국의 역사학자예요. 내가 쓴 《영웅숭배론》에서 '이 세상은 진실하고 성실하며 용기 있는 영웅적 지도자가 필요하다'고 했는데, 이것은 윌리엄 셰익스피어를 염두에 두고 한 말이었어요. 그리고 "셰익스피어와 인도를 바꾸지 않겠다."고도 했죠. 이 말을 어떤 사람들은 '인도가 셰익스피어만 못하다'라고 잘못 해석하기도 하는데 사실 그건 오해예요. 한 민족이 그 자신을 표현할 소리를 얻는다는 것, 그것을 아름다운 언어로 표현해 주는 인물을 갖는다는 것은 실로 위대한 일이죠. 이탈리아에 단테가 있는 것처럼 영국에는 셰익스피어가 있다는 뜻으로 한 말이에요. 그만큼 영국인들이 셰익스피어에 대해 얼마나 자부심을 갖고 있는지 알 수 있겠지요?

이 책에 실린 도판들

《아폴로와 다프네》, 잔 로렌초 베르니니 1625년경, 보르게세 미술관, 로마

《셰익스피어의 초상》, 작자 미상, 1902년, 텍사스 대학교, 미국

《셰익스피어 초상》, 작자 연대 미상, 국립초상화 미술관, 영국 《윌리엄 셰익스피어 씨의 희극, 사극, 비극》의 초판 표지, 마틴 드뢰슈트, 1623년, 예일 대학교, 미국

《추측 복원도》, C. 월터 호지스, 워싱턴 셰익스피어 도서관, 미국

《묘지에 있는 햄릿과 호라티오》, 외젠 들라크루아, 1839년, 루브르 박물관, 프랑스

《존 밀턴의 초상》, 작자 미상, 1800년경, 국립초상화 미술관, 영국

《실낙원》, 존 밀턴, 1665년, 첫 번째 라틴 어 번역본, 사우스 캐롤라인 대학, 미국

《춤추는 요정과 함께 있는 오베론, 티타니아, 퍽》, 윌리엄 블레이크, 1786년, 테이트브리튼 미술관, 영국

《폭풍우 속의 리어 왕과 광대》, 윌리엄 디이스, 1851년, 스코틀랜드 국립미술관, 스코틀랜드

《크리스토퍼 말로의 초상》, 작자 미상, 1585년, 코퍼스 크리스티 대학, 영국

《사우샘프턴 백작의 초상》, 존 디 크릿츠, 1603년, 예일 대학교, 영국

《비너스와 아도니스》의 속표지, 1593년, 리처드 필드 인쇄, 영국

《루크리스의 능욕》의 6판 속표지, 1616년, 영국

《오베론과 티타니아의 화해》, 조지프 노엘페이턴 경, 1849년, 스코틀랜드 국립박물관, 스코틀랜드

《엘리자베스 1세의 초상》, 작자 미상, 1575년, 국립초상화 미술관, 영국

《셰익스피어 가문의 문장》, 작자 미상, 1787년

《제임스 1세의 초상》, 존 디 크릿츠, 1603년, 예일 대학교, 영국

《베니스의 오셀로와 데스데모나》, 테오도르 샤세리오, 1850년, 루브르 박물관, 프랑스

《코르델리아의 죽음에 울부짖는 리어 왕》, 제임스 배리, 1786년경, 테이튼 브리튼 미술관, 영국

《맥베스와 세 마녀들》, 테오도르 샤세리오, 1855년, 오르세 미술관, 프랑스

《폭풍우》의 첫 페이지, 셰익스피어, 1623년, 뉴사우스웨일스 주립 도서관, 호주

《셰익스피어의 유언장 중 일부》, 셰익스피어, 1616년

《미겔 데 세르반테스의 초상》, 후안 데 하우레기, 1600년경, 유화, 스페인 왕립 아카데미, 스페인

《토마스 칼라일의 사진》, 엘리엇 앤 프라이 스튜디오 촬영, 1860년경